三黨搞統一

—解剖共產黨、國民黨、民進黨怎樣搞統一

陳 福 成 著

文史哲出版社印行

國家圖書館出版品預行編目資料

三黨搞統一：解剖共產黨、國民黨、民進黨怎樣搞統一 / 陳福成著.--初版 -- 臺北市：文史哲, 民 105.03
頁; 公分
ISBN 978-986-314-290-4（平裝）

1.兩岸關係 2.中國統一 3.政黨政治

573.09 105004264

三黨搞統一

── 解剖共產黨、國民黨、民進黨怎樣搞統一

著　者：陳　福　成
出版者：文　史　哲　出　版　社
http:// www.lapen.com.tw
e-mail：lapen@ms74.hinet.net
登記證字號：行政院新聞局版臺業字五三三七號
發行人：彭　正　雄
發行所：文　史　哲　出　版　社
印刷者：文　史　哲　出　版　社
臺北市羅斯福路一段七十二巷四號
郵政劃撥帳號：一六一八〇一七五
電話886-2-23511028・傳真886-2-23965656

定價新臺幣四二〇元

二〇一六（民一〇五）三月初版

ISBN 978-986-314-290-4 57011

自序：關於三黨搞統一，從中國大歷史看共、國、民三黨互動與終局

首先筆者要說明，這不是一本「學術論文」，我知道有些讀者翻開一看，章節儼然有序，長篇大論，加上「注釋」，以為是什麼升等論文，學術報告，必然一堆空泛的名詞、概念界定等，食之無味，棄之可惜．非也！筆者不過是把握學術「客觀精神」，幾分證據說幾分話，注明使用「證據」之來源，行文論述都是白話，通俗口語，讓各階層的人都能有較佳的可讀性，或可有心領神會的理解效果。

目前兩岸的統獨糾纏，共產黨、國民黨和民進黨都有尚待突破的困局，但筆者從中國大歷史的宏觀視野觀之，三黨所領導代表的政權，仍不脫中國歷史分合變遷、發展的

法則，「合久必分，分久必合」，我認為這也是自然法則、物理法則，就像東西用久會壞一個道理。

目前的台灣政局，很類似三國或南明，第一、二代強人走後，失去追求「統一」的理想性，接著失去存在的合法性，成為偏安政權或地方割據政權，這樣的政權不會得到所有中國人的支持，被統一只是遲早的事。

筆者長期研究、觀察三黨近二十年來變遷光譜，發現他們（含三黨的歷任、現任領導）都在搞統一，統亦統、不統亦統；緩獨緩統，急獨急統，不信的讀者往後看下去。

（台北公館蟾蜍山萬盛草堂主人　台灣軍魂（大陸封的）　陳福成志於二〇一六年春節前）

三黨搞統一

——解剖共產黨、國民黨、民進黨怎樣搞統一

目 次

第一篇
中國共產黨怎樣搞統一？

第一章　中國統一的美國因素

常聽到一句勉勵人的話，「只要你願意，沒有不可能的事。」這是確實的，包括搞統一、搞獨立，都是一個道理，只要你願意付出一切代價，不惜人命，團結、犧牲到底，不管死多少人……。

這也說明了一個百分之九十九的人不懂的「基本常識」，即「國家是武力造成的，民族是自然力造成的。」只要敢戰、死戰、決戰，戰下去，打下去，國家總有誕生的一天。當然，世間事都有例外，如新加坡是被馬來西亞趕出「家門」的，是不得已獨立的。

有不少台灣人，腦筋不清醒，欠缺判斷力，看到人家搞獨立，他也盲從，只是搞了百年而無功。說穿了，台灣人怕死，沒膽打仗，再搞一千年，台獨還是嘴巴說說的。套句廣告詞：「查甫郎春一支嘴」！可以這麼說，「台獨份子春一支嘴」（台語發音）。

當然，台獨搞不成，從另一個反面說，是各方還是以「堅持最後的統一」為多數。

包含台灣內部、中共和美國，仍以「一個中國」、「反對台獨」，為合法的共識，兩岸以外，美國對中國統一有決定性影響力，這是國力問題。中國國力不行，只好受制於人。

毛澤東拿下江山後，對於沒有把握良機，一舉全力解放台灣，做了深入的檢討，曾說過一九四九年這個歷史關鍵年代沒能解放台灣，是我黨「七大」後所犯的第一個大的歷史錯誤。（注一）

按毛澤東的思維，當時蔣介石在台灣立足未穩，美國勢力離開台灣，撤走了第七艦隊，本該是拿下台灣，是中國再統一的最好時機。可惜喪失了時機，只看到胡宗南在西南還有大軍，於是二野分兵去了西南，三野又要守備城市和掃清殘餘，所以未能集中二野、三野兵力，一舉解放台灣，而以劣勢兵力在金門打了敗仗。

這樣，蔣介石在台灣的棋下活了。

在大陸，蔣介石輸了，我們贏了；

在台灣，我們輸了，蔣介石贏了。

這是一個大的歷史錯誤，是不能挽回的錯誤。

老毛的嘆息半對半錯。半對者，一九四九年確是以武力統一中國的最佳時機，錯過了可能要等一百年。因為不久韓戰爆發，美國改變政策，不僅簽訂《中美共同防禦條約》，直到中美斷交仍以《台灣關係法》掌控台灣。現在已是廿一世紀第十五個年頭，兩岸仍處分裂無解狀態，台獨勢力高漲，最大禍首依然是美國，按習近平主席的「中國國家發展大戰略」，兩岸完成和平統一約是二〇五〇年的事。也就是說，一九四九年沒有解放台灣，讓中華民族分裂了一百年，真是我民族之大不幸，難怪老毛嘆氣犯了最大的歷史錯誤。

老毛的想法也有一半是錯的，這是攻打台灣的能力問題，在一九四九年以中共的野戰兵力、火力，雖在「量」上很強大，但完全沒有「渡海作戰」能力，欠缺運送戰力的「載具」，打金馬可以，拿台灣完全是空談。就算到了一九九五年的台海危機，不考慮美日介入，中共的渡海作戰能力，依然不足以打一場「必勝的近海作戰」。（注二）只得忍辱看著美國的兩艘航空母艦在台海揚威，這也好，刺激中國人加速發展成為強國。

一九四九年後，中華民國在台灣完全成為美國的「國防戰略前緣」，與南韓、日本、菲律賓共構成美國西太平洋的「前線」，圍堵中國大陸的中共政權，到了廿一世紀第十五年頭，依我看，仍未改變這個本質性的局面，不過是從「硬圍堵」變成「軟圍堵」而已，中華民族至少還要再分裂二十年，這是炎黃子民的不幸啊！

表面上看，美國從與中共建交，所有官方說詞都是「一個中國、反對台獨」為基調，只是歷任美國總統常在「戰略伙伴」和「戰略競爭」之間遊走，導致中共和美國關係小有起落，但外行的看熱鬧，內行的看門道，北京學者閻學通一段話直指美國人的不良企圖心：

台灣分離主義對中國構成的生存威脅並非分離主義勢力本身，而是美國對台灣分離主義政權的軍事支持，分離主義運動能否成功的根本，取決於分離主義勢力與中央政府在要分裂的局部地區的軍事實力對比……台灣當局是否敢於正式「獨立」，取決於美國是否決定為台灣「獨立」進行戰爭，而美國是否決定進行戰爭取決於中國是否有決心和能力不惜一切代價地維護國家領土主權完整。（注三）

這段話說中了台灣人「永恆的悲情」，即台灣不論統派或獨派，其統獨大話都只能嘴巴說說，實質上「無權」也「無力」決定要往那裡去！這種問題源自文化和地緣戰略關係，就算上推到滿清末年，鄭成功的「南明」時代，這種結構關係也牢不可破，才使東寧王國和台灣民主國都「活不下去」，南明、清末，現在乃至未來，台灣的前途，只有世界級的「大哥」可以決定。

針對一九九五年的台海危機，美國開來兩艘航空母艦，當時的美軍太平洋總司令普理赫（Joseph prueher）說：「我們這樣做並不是給你開空白支票……我們要在解決這件事以後能繼續保持我們對這個地區盟友的影響力，做堅定可靠的合作夥伴。」（注四）由此可見，美國將有可能介入台海爭端。為何美、日在國際公開場合都表明一個中國立場，確仍在「實質」上被解讀成分裂中國的企圖？骨子裡最深的原因是什麼？

有全球大戰略素養並有深厚歷史感的人，對這個問題是清楚明白的，台灣對中國而言，是通向大洋（西方）的門戶，幾可是中國的生命線，若被西方強權（美國）掌控，將是災難，台灣對日本言，是進出大陸和前進南洋的跳板，必須佔領，台灣對美國言，是西太平洋國防前線的戰略要點，也就是，台灣乃兵家必爭之地，即兵法上的「爭地」。是故，美日野心家都認為兩岸永久分裂，對他們最有利，但「日本時代」已是過去式，單獨一個日本早已不足以影響中國統一的任何作為，而是依附在美國才對兩岸政局有了影響力，這種不良企圖的邪惡結合，正是中共乃至所有中國人所顧慮的，這個顧慮將隨著吾國崛起強大，而日漸降低。

以美國為首的西方世界，不斷伸出黑手，在台灣，西藏、新疆、香港製造分裂，破壞中國主權和領土的完整性，另有一個原因，是無端製造的「中國威脅論」，例如杭廷頓（Sameuel P.Huntington）等學術界，在全球散播中國的統一強盛是對西方文明的威脅。

江澤民主席於二〇〇一年三月，在一個內部會議，以強硬的態度說，若美國一定要利用對台軍售壓迫大陸，從實質上阻礙中國統一，中國只能被迫投入衛國戰爭。（注五）中共深感必須加速軍事高科技現代化，發展高性能武器，至少要擁有三、四種對付侵略勢力，否則中國的統一將遙遙無期。

北京和華盛頓間最危險的爭議是兩岸統一問題，從尼克森、季辛吉開始，以所謂「戰略模糊」（Strategic Ambiguity）為雙方共識基礎，最重要的設想「一個中國」定義，是兩岸中國人的責任，最終定義為何?美國不加以干涉，但到了布希把新的中國政策稱「戰略清晰」（Strategic Clarity），並公然聲稱「承諾防衛台灣」，如果中國攻擊台灣，就是違反了美國的「一個中國」政策。（注六）布希團隊又把中國定位成美國的「戰略競爭者」，尼克森和季辛吉的架構「戰略模糊」政策終於崩潰，布希的一個中國政策，變成完全不可相信，北京認為布希政府已經「等同」支持台獨，這種後果很嚴重，一者將使「武力統一」得到合法性支持，再者使統一產生急迫性，中共可能採取先制攻擊戰略。

二〇一四年，《中國與美國終須一戰》一書在華人市場夯了起來，該書論述美國急迫想要發動中國戰事，居於兩個原因，挽救經齊和國力衰退，這合乎歷史上國家衰弱的「自救」之道，美國學界已開始政治宣傳，二〇〇八年十月九日，美國智庫「國際戰略評估中心」副主任里查費舍，在報告中說：「美國的衰退與中國的崛起形成鮮明的對比，而遏止這種對比持續下去的唯一方法，就是通過戰爭。」（注七）

中國是美國的最大債務國，也是唯一有能力獨立破壞美國經濟的國家，如要以戰爭解決經濟危機，中國是第一目標，而經由日本挑起戰爭，引爆台海統一之戰，可謂最方便，隨時可以「點火」。一旦戰爭爆發，美國會立即宣布所有欠中國的鉅額國債作廢，沒收中國在美資產。

二〇一五年九月，習近平訪問美國，歐巴馬照例說「一個中國、反對三獨」。但有小道消息說，他二人「密會」，習提出七年內解決台灣問題，無論如何！「台灣」問題台灣人竟「無權」過問，就由兩個大哥去處理吧！

注釋：

注一：岳天，〈蔣中正先生與中華民國：中共禍國暨國府遷台的戰略〉，《中華戰略學刊》九十六年夏季刊（台北：中華戰略學會，96年6月30日），頁一—四五。

注二：陳福成，《決戰閏八月：中共武力犯台研究》（台北：金台灣出版社，96年7月）。

注三：潘進章，〈論中共「大國崛起」之機遇與挑戰〉，《中華戰略學刊》九十六年秋季刊（台北：中華戰略學會，96年9月30日），頁一—三三。

注四：同注三，頁二九。

注五：陳福成，《解開兩岸10大弔詭》（台北：黎明文化出版，民國90年12月），頁八九。

注六：王祿雄，〈華盛頓對中國政策的錯誤〉，《中華戰略學刊》九十一年春季刊（台北：中華戰略學會，91年4月1日），頁一八七—二一八。

注七：**YST**，《二〇二〇中國與美國終須一戰》（台北：如果出版公司，二〇一四年七月），頁六二。

第二章　中共搞統一的進程

自從一九四九年兩岸分治以來，「理論」上雙方始終在追求中國的再統一，從毛澤東的武力解放台灣，蔣介石的反攻大陸政策，到蔣經國的三民主義統一中國，鄧小平的一國兩制。至今廿一世紀了，不論在兩岸或國際，仍以「一個中國、反對台獨」為主調，台灣內部雖有少數台獨死硬派，也只有自爽，上不了國際大場面。

就中共方面，為了統一是卯足了勁，文攻武鬥全來，初期以武力為主又分兩個時期，首先是武裝解放台灣時期（一九四九年到一九五四年），此期間的活動策略有三：第一是「黨的建設」，大批諜報人員潛伏來台，發展「共黨台灣省工作委員會」組織。第二是「統一戰線」，宣傳反蔣、反美、民主、自治，建立統一戰線。第三「武裝鬥爭」，在台建立「武裝基地」，做武力解放準備，惟在進犯金門（古寧頭）時慘敗而告終。

武力為主的第二時期，是「和戰並用」解放台灣（一九五五年到一九七一年），此期間大陸掀起「三面紅旗」、「文化大革命」，再發動解放台灣高潮，以「八二三砲戰」無功，武力統一告終，之後，開始改採和平攻勢，稱願和台灣方面進行和平談判，願以「西藏方式」解決台灣問題，完成祖國統一。

壹、和平統一與「一國兩制」

大陸的對台政策，大約是一九七一年後進入全面「和平統一」模式，從中華民國退出聯合國，國際姑息主義高漲，大陸爆發「四人幫事件」。但對統一的指導綱領，是「解放台灣要寄希望於台灣人民」，以「國共和談、統一祖國」為基調，對海外高舉民族主義大旗，號召海外同胞「認同」、「回歸」，大力開展「促進統一中國運動」；而台灣方面，以堅持三不政策（不接觸、不談判、不妥協），化解中共的和平統一攻勢。

從中美斷交、毀約、撤軍後，中共統一策略調整為「寄希望於台灣人民、也寄希望於台灣當局」，並以「一國兩制」為最指導依據。政策執行面有「三通」、「四流」、「三保障」、「四不」。所謂「四不」，是統一後不改變台灣現行社經制度、不改變現行生活方式、不派軍政人員駐台干預、監督軍隊及人 事，還有不改變台灣在國際上的文經關係。

所謂「三保障」，是保障台灣私有財產、土地、企業所有權；保障台灣人民合法繼承權；保障外國投資不受侵犯。在台灣方面，此期間開始開放性政策，解嚴、探親、兩岸文經交流、新聞媒體互訪，兩岸交流大時代終於熱鬧的上路了。

「一國兩制」最早提出，是一九七八年十一月鄧小平接受華盛頓郵報專訪，所提到的兩岸統一構想。一九八二年十二月全國人代會通過修憲規定「國家在必要時得設立特別行政區」，一九八四年五月趙紫陽在人代會報告「一個國家、兩種制度」，其重要內容有三：

第一、是指在統一的中華人民共和國內，大陸實行社會主義制度，台灣、香港、澳門地區，實行資本主義制度。

第二、是指在中國大陸地區，與台灣、香港、澳門地區，所實行的政治，經濟和社會制度等，各方面有根本的重大區別。

第三、是指國家主權是統一的，不可分割的，一個國家內實行不同制度的地區是國家組成的一部分，不應有國家主權，不能行使整個國家的外交、宣戰、媾和等權力。最後是實行一國兩制有憲法和法律保障。

一九九七、九九年，港澳先後回歸中國，從廣義歷史觀看，代表十六世紀後歐洲的亞洲殖民政策結束，中國進一步獲得主權和領土完整統一。同時，中共運用「統一戰線」理論，驗證「一國兩制」可以完成國家統一的過程，最終使中國完成全面性的統一。

為加速「一國兩制」的進程，一九九三年九月，主管中共統戰工作的政治局常委李瑞環召集會議，提出「大統戰」的觀念及工作要求。（注一）觀其內容，目的在促進大陸與台、港、澳地區的經貿交往，以及資金、技術、人才的引進，有重點、有計劃、多層次、多管道地開展統戰。「大統戰」內涵有：

一、依據鄧小平「建設有中國特色的社會主義」，提出「大統戰」的基本理論思想。

二、以「團結愈廣泛，對社會主義事業愈有利」的統戰原則，建立「大團結、大統一、大聯合的大統戰」觀念，並涵蓋以下五種重要觀念：

㈠全黨辦統戰觀念。

㈡積極爭取和團結台、港、澳同胞，擴大世界範圍的友誼交流。

㈢對不適宜形勢的老式統戰思想和做法，要主動革除，重新制訂新辦法，才能跟上時代潮流。

㈣統戰幹部除了政治任務的要求外，更要學經濟、懂經濟，有為經濟建設服務的觀念，而經濟幹部也要有政治認識和統戰觀念，二者才能相輔相成。

㈤重視基層，掌握情報，總結並推廣統戰工作經驗，因地制宜，主動積極開展有關活動。

三、依據這樣的思想和觀念，在實際工作中要大力支持各民主黨派，為經濟建設服務的各項活動，加強統戰幹部、黨外有代表性的知名人士、及經濟專業隊伍的建設。

「大統戰」高舉統一為終極目標，在實務作為上，著重研究和探討在社會主義市場經濟條件下，強化民主關係，促進各少數民族地區的發展和穩定，深化經濟領域統戰工作，除大力培訓非公有制經濟代表人物，籌開「國有大中型企業統戰工作會議」，開展黨外有代表、有影響力的知識份子工作，並建立相關人物信息的調查研究和工作網路。

凡此，都為深化廣大「一國兩制」工作，加速「和平統一」的進程，以期中國能早日完成國家統一的春秋大業。然而，此期間的「一國」仍是無解的習題，所透露的信息，是大陸對統一問題的焦急心理，更多的問題是：何種情況台灣方面才會坐下來談判？大陸需要創造什麼條件？端出什麼「牛肉」？才能使台灣願意或被迫談判？再等下去，等到何時？要打，何時打？怎樣打才能取勝？還有美國將會怎樣干預？

從「一國兩制」提示，兩岸就有不少政治宣示，如中共方面，一九七九年「全代會告台灣同胞會」、一九八一年「關於台灣回歸祖國實現和平統一的方針政策」、一九八三年「鄧小平談中國大陸和台灣和平統一的設想」、一九九一年「和平統一的三點建議」、一九九三年「台灣問題與中國統一政策白皮書」、一九九五年「江澤民對兩岸關係講話」及「江八點」等，台灣方面，主要有一九九三年「中華民國國家統一綱領」、一九九四年「台海兩岸關係說明書」，諸多政治宣示中，「江八點」對後來的兩岸文經交流面影響較大：

一、堅持一個中國的原則，堅決反對「分裂分治」。

二、反對台灣「擴大國際生存空間。

三、進行海峽兩岸和平統一談判，可以吸收兩岸各黨派團體有代表性的人士參加。

四、針對外國勢力干涉中國統一和搞「台灣獨立」，不承諾放棄使用武力。

五、大力發展兩岸經濟交統與合作，加速實現直接三通。

六、兩岸同胞要共同繼承和發揚中華文化的優秀傳統。

七、充分尊重台灣同胞的生活方式和當家做主的願望，保護台灣同胞一切正常權益。

八、歡迎台灣當局的領導人以適當身份前來訪問，我們也願意接受邀請前往台灣，共商國是。

如「江八點」第五點所示，兩岸在文化、經濟有極大進展，三通四流也算很有成果，惟在政治領域並無進展，所謂「一國」仍在「九二共識」中「各表」，各自表述，台灣內部更為複雜，台獨死硬派及民進黨仍不承認「九二共識」，尤其獨派執政那八年，誤判以為美國人真支持台獨！使島內獨派勢力高漲，兩岸關係幾乎又回到「一九九五閏八月」的台海危機狀態。（注二）終於，中共用〈反分裂法〉，進一步死死的「鎖住」台灣，其不說的深意也在對付美國的〈台灣關係法〉，這是獨派得到的「果」，也可能是對分離主義最有嚇阻作用，對未來中國統一最有「力」的保障。

貳、〈反分裂法〉鎖住台灣、對付〈台灣關係法〉

中共〈反分裂法〉的提出，是延續一九九五年台海危機未獲改善，在李登輝、陳水扁誤判情勢的非理性惡搞，中共權衡美、中、台三方關係，所使出最「可怕」的一招，台獨份子則稱〈戰爭法〉，略說背景、內涵等如下。

一、〈反分裂國家法〉的提出背景

港澳在一九九七及一九九九年回歸後，大陸激起民族主義浪潮，兩岸統一出現「時間表」說法，一九九九年七月，李登輝接受德國之聲訪問，聲稱「台海兩岸是特殊國與國的關係，而不是一種介於合法政府與叛離團體的關係……」（注三）後來稱之為「兩國論」，認為兩岸是不相隸屬的國家，但因民調顯示多數認同「維持現狀」，故其後官方又將兩國論說成「現狀」，依然引起大陸強烈反彈，以外交對美施壓，以軍事直迫台灣，北京發表「一個中國的原則與台灣問題白皮書」，警告「台獨分裂勢力放棄玩火行動」。

江澤民抨擊李登輝為首的台獨份子，「走出十分危險的一步，是對國際社會公認一個中國原則的嚴重挑釁。」，中共在聯合國會議時，要求五個常任理事國發言，一致否認中華民國的國際法人地位。

獨派主政的八年，兩岸也是不安寧，二〇〇二年，陳水扁在台灣同鄉會上發表「台灣要走自己的路，不能成為第二個香港，因為台灣是個主權獨立的國家，台灣跟對岸中國一邊一國。」，很意外的，中共這次僅由台辦發言人李維一在記者會上聲明，把扁政府定位為「漸進式台獨」，稱「一邊一國」是對「一個中國」原則的公然挑釁，並不提「不放棄動武」，但另有訊息顯示，中共有研究報告有能力在軍事上處理台海問題，最有可能的攻台作為是奇襲。（注四）

二〇〇四年三月的「防衛性公投」又點然兩岸戰火，該項公投有兩案，第一案是「強化國防公投」，內文為「台灣人民堅持台海問題應該和平解決，如果中共不撤除瞄準台灣的飛彈、不放棄對台灣使用武力，你是不是同意政府增加購置反飛彈裝備，強化台灣自我防衛能力？」

第二案是「對等談判公投」，內文為「你是不是同意政府與中共展開協商談判，推動建立兩岸和平穩定的互動架構，謀求兩岸的共識與人民福祉？」

投票結果，兩案投票人數未達全國投票權人數二分之一以上，而告否決，實質上，這些是獨派的政治操弄，通過或不通過並無差別，只是惹毛了中共，溫家寶稱「不惜代價維護統一」，中國軍事科學院彭光謙說「中國可以容忍六項戰爭的代價」。（注五）進而，終於迫使〈反分裂法〉在二〇〇五年誕生了。

二、〈反分裂國家法〉主要內容

當陳水扁為首的一群台獨份子，中華民族的不孝子孫兼敗家子，在台灣以民粹手段操弄愚民之際，這回中共學乖了，不隨之起舞，而是尋求另一種可以「鎖住」台灣，反制美國〈台灣關係法〉的辦法。

二〇〇五年三月一日，陳阿扁與歐洲議會舉行視訊對話時，指控北京將通過〈反分裂國家法〉，片面破壞台海和平，時任行政院長的謝長廷在三月四日也說，兩岸和解應有更積極態度，而非恐嚇與攻擊，獨派把〈反分裂法〉定位成〈戰爭法〉，這確是一部戰爭法，把台灣「鎖住」，也鎖住其他有分離主義的地方。

大陸智庫在研究兩岸及國際形勢後，原先提出〈國家統一法〉立法建議，後來二〇〇五年三月十四日，經十屆人大三次會議，以二九九六票（兩票棄權），高度共識的高票通過〈反分裂國家法〉。（注六）

該法全文十條，重點在第八條：任何方式造成台灣從中國分裂出去的事實，或者發生將會導致台灣從中國分裂出去的重大事變，中共得採取非和平方式及其他必要措施，捍衛國家主權和領土完整，並授權「中央軍事委員」，如發現所提「事實」，可逕自對台動武，不需先向「全國人民代表大會常務委員會」報告。

這也等於給中共軍方極大的「方便」，給軍方一張「空白支票」，讓軍方可以自行定義台海現狀，定義台灣是否有「違法行為」，可以進行制裁，乃至武力攻擊，該法通過後，共軍將主導兩岸關係解釋權，更有利於戰術，戰略的運用，由於不需事先報備，也就是說可以減少武力發動前的徵兆，無預警發動武力攻台，縮短戰爭時程，有利於速戰與全勝，達成國家統一目標。

〈反分裂法〉第一條，「為了反對和遏制『台獨』分裂勢力分裂國家，促進祖國和平統一，維護台灣海峽地區和平穩定，維護國家主權和領土完整，維護中華民族的根本利益，根據憲法，制定本法。」這條概括本法的精神、宗旨、目的，深值重視是「根據憲法」四字，已然將台灣視同中華人民共和國之一部份，如同其他各省。

該法第三條針對美國而立，「台灣問題是中國內戰遺留的問題，解決台灣問題，實現祖國統一是中國的內部事務，不受任何外國勢力干涉。」目前乃至未來二十年內，有軍事能力實際干預台海問題，僅美國而已，但這種干預的可能性，已愈來愈顯衰弱。

該法第七條提出兩岸可針對三事談判：（一）正式結束兩岸敵對狀態、（二）發展兩岸關係的規劃、（三）和平統一的步驟和安排，這些台灣一些政客早已提過，惟因國民黨的分裂不可為，獨派操弄，朝野政治人物只顧謀私利，不顧台灣未來，看來中國要統一，只要靠〈反分裂法〉發揮「金箍扣」的力量了。

三、〈反分裂國家法〉的國家戰略意涵

自一九四九年兩岸分裂分治後，台灣方面沒有真實力反攻大陸，國際情勢亦不許可，大陸方面，毛澤東到江澤民，台海戰略偏向防禦性，毛認為「台灣問題可以等一百年，由後代去解決。」鄧小平的「一國兩制」尚待兩岸努力，胡錦濤的國家戰略是鄧小平戰略的強化，這應該是戰爭型態改變所致，鄧小平是「第二波戰爭」時代的人，胡錦濤已是「第三波戰爭」時代的人，便有從「第三波戰爭型態」看台海戰略的智慧，其軍事戰略是從高科技局部戰爭邁向信息化戰爭，為能充份掌握戰爭先機與先制。

〈反分裂法〉的非和平（軍事）手段和和平（統戰）手段「兩手硬」，硬實力、軟實力，槍桿子、筆桿子，內政、外交，都把台海戰略放到全球戰略的核心地位。（注七）

（一）非和平手段

以約一千四百枚飛彈瞄準台灣，二〇〇七年元月，飛彈擊毀氣象衛星，中國人民解

放軍軍事科學院世界軍事研究所第二研究室主任姚雲竹宣佈，太空超強不會只有一個。（注八）海軍宣佈中國已有能力製造航空母艦，空軍宣佈殲—10成軍，這些動作都在明白宣告，中國有能力以武力完成統一，並擁有阻止美軍干預台海的軍事能力。

（二）和平手段

企圖擴大全方位統戰，在政治領域統戰台灣內部各黨派，首先使國民黨從「反共」轉型成「反台獨」政治力量，積極連結統派各零星小黨，如「新同盟會」、「中國全民民主統一會」等。其次分化民進黨，統戰其內部親共勢力，在經濟、學術、文化各領域擴大統戰規模，同時統戰台灣媒體，使公眾輿論向中國傾斜。

胡錦濤的統一戰略，為「和平發展、一國兩制」以強化攻台武力的威懾手段，積累台灣內部及國際上怕戰的妥協能量，以達到和平統一目標，一旦非要訴諸武力解決，則以強大的軍事力量迫使美日不敢介入，實現中國統一的終極目標。

〈反分裂法〉制訂有其特殊背景，公元二千年獨派執政，陳阿扁就職宣示不獨立、不改國號的「四不一沒有」，但後續的防禦公投、正名制憲、一邊一國論等，都讓大陸覺得是一種「漸進台獨」，激化大陸拿出「尚方寶劍」，誕生了〈反分裂法〉，對大陸言，從此有了法律武器，足以嚇阻「法理台獨」，同時把反獨提升到國家意志位階，藉此抗衡美國的〈台灣關係法〉，對台灣言，各黨派只能跳腳，也只能跳腳，外加一些口水！

參、習近平可能完成中國統一？

「習李體制」接班，是中共「十七大」即已達成的黨內共識，這有重大意義，這表示地球上的政治制度，除西方民主政治、伊斯蘭民主政治，已有另一套極可能是廿一世紀主流的「中國式民主政治」，在成熟的運作中（另章詳述之），也會對台灣夠成強大壓力和吸引力。

二○一二年十一月間，「胡溫體制」與第三代領導集體的溝通和整合，「習李體制」成員的拔擢，都經省級「一把手」歷練，並具有任職京津滬渝粵大城市的重

中共十八大昨天在北京人民大會堂閉幕，賀國強（左起）、習近平、賈慶林、吳邦國、胡錦濤、江澤民、溫家寶、李長春、李克強和周永康鼓掌祝賀大會勝利閉幕。　圖／新華社

要資歷，其中最重要的四位，將於二〇一三年春成為「第五代領導人」，他們是國家主席習近平、總理李克強、人大委員長張德江、政協主席俞正聲。另外，管媒體的劉雲山、一向清廉的張高麗、打貪腐健將王岐山，都是「習李體制」要角。

「一國兩制、和平統一」是鄧小平以來不變的國家目標，但每一代領導人有不同的風格、方式，面對不同國際情勢、台海狀況，也有不同的處理，習李領導階層當然也是，對於統一這個大難題，糾纏著美、中、台、日關係，這牌局要怎麼打？習近平比前代領導人，更俱大國崛起思維的全球戰略佈局，去思考統一問題，其中碰到重點之重點，是美國「重返亞太」，習近平思考台海問題，已面臨變數複雜的新挑戰。

諾貝爾經濟學獎得主福格爾（Robert W.Fogel）認為，中國從二〇〇〇年時的窮國，正在蛻變為二〇四〇年的超級富國，屆時中國的 GDP 占世界百分之四十，遠超過美國的百分之四十和歐盟百分之五；《華爾街日報》更指出，這場正在改變世界的經濟戰，中國的「國家資本主義」比美國的「自由資本主義」更占上風，世界超級大國地位正在重新洗牌。（注九）

目前，中、美、台、倭的戰略家，主流意見都認為亞太地區已經成為中美戰略競逐場域，競逐持續互疑，兩岸統一問題在中美戰略競逐升溫架構下，台灣在大國戰略夾縫中求生存，以下四點思考將在「習近平時代」對統一，有巨大影響。

第一、美國祭出「重返亞太」政策，端出「亞太戰略再平衡」的「空海一體戰略構想，積極強化美、日、澳軍事同盟，鼓動倭國『再軍事化』」，都是挑明對準中國而來，若台灣內部因政局變化，納入美國戰略佈局的架構內，中共極可能就解讀成「外國勢力干預中國統一」，〈反分裂國家法〉極可能「無預警」的啟動了……。

第二、當中國大陸持續進步，經濟上成為「超級富國」，政治制度「中國式民主政治」成世界典範，軍事力量可以制衡美軍，而台灣持續內耗、分裂、貧窮，對中共和國際挑戰完全沒有辦法，那時，台灣將如何？如往昔的東德，只好「無條件」接受統一，讓強大的祖國來收拾台灣這個爛攤子？……。

第三、南海問題會持續發燒，美國會鼓動中國周邊小國不斷造反，而不論中共或中國都堅決「寸土必爭」，領土主權都不容非法入侵，台灣在太平島只有極少兵力，不足以防衛，越南早已

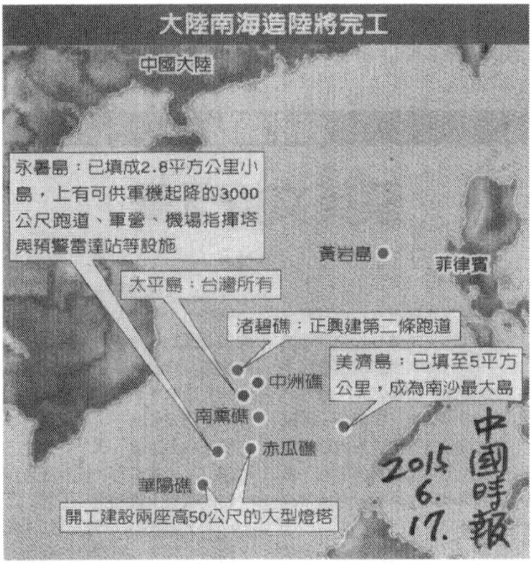

想要奪取太平島，已經擬好〈奪島計劃〉。（注一〇）若非解放軍已在南海部署強大海空戰力，太平島恐已被越南佔領，類似狀況可能在釣魚台或台海任一地點爆發，若共軍以優勢戰力打敗入侵者，台灣將如何？……

第四、習近平的核心策士已指出，統一問題如果久拖不決，將給大陸周邊增加新的不安全因素。同時，台灣問題將持續是國際勢力牽制中國的藉口和手段，美日安保、建立亞太飛彈防禦系統，都以台灣為支持理由，統一未完成，就表示有被分裂出去的危險，所謂「維持現狀」，已到了不能維持的困局，下一步台灣將如何？以下二事深具觀察指標。

一、朱習會：兩岸同屬一中

二〇一五年五月，第十屆國共兩岸經貿文化論壇及「朱習會」，順利在北京舉行。（注一一）行前兩岸各領導階層，對朱立倫首度以國民黨主席身份訪問大陸，寄以厚望，

國共面對面　國民黨主席朱立倫（左排中）率團訪問中國大陸，4日在北京人民大會堂，與中共總書記習近平（右排中）會面。（路透）

兩岸一般社會大眾也期待和平統一有進一步發展，當然，獨派的非理性評價是必然的。

這次「朱習會」確實已達成兩岸關係的鞏固和傳承，同時深化與發展兩大目標，對兩岸和平發展大局及兩黨互信，具有歷史指標意義。

就鞏固和傳承方面，國共兩黨都深刻理解兩岸和平發展的必須，「九二共識」的互信基礎不可動授，透過此次國共論壇和朱習會，雙方再肯定，鞏固九二共識，將其傳承下去，不讓任何勢力有模糊以對的空間。

九二共識已歷二十年，雙方雖能堅守「一中」底線，內涵則仍是「各表」，獨派一味全盤否定。是故，大陸、台灣和海內外主張統一的各陣營，都希望有所進展，在表述一中上，多一些共同，少一些各自，進一步深化九二共識，賦予新內涵，使其制度化、法制化。因而，朱立倫主席在會談上明確提出「兩岸同屬一中」，這真是一種新局之開展。

從今以後，若「兩岸同屬一中」、「共表一中」，可以成為兩岸論述重點，共建更多交集，朱立倫將

陸領導人對政治分歧與和平發展框架談話

日期	發表人	場合	重點
2005 3月6日	胡錦濤	會見涉台兩會代表	不僅可以談我們已經提出的正式結束兩岸敵對狀態和建立軍事互信、台灣當局的政治地位、兩岸關係和平穩定發展的框架等議題
2008 12月31日	胡錦濤	紀念江八點活動	在一個中國原則的基礎上，協商正式結束兩岸敵對狀態，達成和平協定，構建兩岸關係和平發展框架
2013 10月6日	習近平	印尼APEC會見前副總統蕭萬長	兩岸長期存在的政治分歧問題終歸要逐步解決，總不能將這些問題一代一代傳下去
2014 2月18日	習近平	會見國民黨榮譽主席連戰	至於兩岸之間長期存在的政治分歧問題，我們願在一個中國框架內，同臺灣方面進行平等協商，作出合情合理安排
2015 5月4日	習近平	會見國民黨主席朱立倫	雙方可以在一個中國原則下進行平等協商，作出合情合理安排。關鍵是要慮善以動，動惟厥時

中國时報 2015.5.5.

在中國統一進程中，有超越馬英九的歷史定位。

習近平總書記提到兩岸關係處於新的重要「節點」，中華民族和國家的未來，歡迎兩岸人民含民進黨在內，以溝通對話方式，共同思考，最後在閉幕會談時，習近平提出「四項堅持、五點主張」。

「四項堅持」是：（一）堅持走兩岸關係和平發展道路；（二）堅持九二共識、反對台獨的政治基礎；（三）堅持開展兩岸協商談判、推進各領域交流合作；（四）堅持為兩岸民眾謀福祉。

面對兩岸新形勢，國際（中美）關係雖仍諸多挑釁，國共兩黨和兩岸雙方要堅定信心、增進互信，維護兩岸和平發展進程，攜手共建兩岸命運共同體。為此，習提出「五點主張」。

第一、堅持九二共識，反對台獨。其核心是認同大陸和台灣同屬一個中國；否認九二共識，挑戰兩岸同屬一中和法理基礎，搞一邊一國、一中一台就會損害民族、國家及人民根本利益，動搖兩岸關係發展基石，「不可能有和平，也不可能有發展」。

第二、深化兩岸利益融合、共創兩岸互利雙贏，充分考慮兩岸雙方社會的心理感受，尤其為兩岸基層民眾、中小企業、農漁民合作發展、青年創業就業提供更多機會。大陸優先對台灣開放，且開放力度將更大。

第三、兩岸要以心交心、尊重差異、增進理解，更多關注兩岸青年成長，提供更多機會和舞台。

第四、兩岸長期存在的政治分歧，國共兩黨要勇於承擔，積極探索解決之道。

第五、中華民族偉大復興要大家一起來幹，盼國共兩黨秉持民族大義，努力開創兩岸關係新未來。

習總書記在此次會談，以「四個堅持、五點主張」的戰略格局為根本，表明兩岸可探討構建「維護兩岸關係和平發展制度框架」，更引用《尚書》「慮善以動，動惟厥時」，強調「聚同化異」，解決兩岸政治難題，關鍵在「時機」，從民間學術討論導向官方制度面。台灣的未來，不僅獨派的路日愈孤獨，統派的偏安將更加不安！中國歷史終將展示「神戒」魔力，走向必然的路，統一。

二、習歐會：中美聯手制台「走偏」？

二〇一五年九月，習近平和歐巴馬的「習歐會」熱鬧登場，各方界定為構建「中美新型大國關係」。

大國關係針對「兩強」的全球戰略佈局中，有分歧或衝突（如網路、南海議題）會談。大陸著名美國研究學者金燦榮直言，美國對台灣問題早有「冷處理」趨勢，台灣問題也不在此次「習歐會」美方關切議題清單；美國越來越清楚這是中國核心利益，不會輕易「越界」，甚至如果台灣一意孤行，中美還可能聯手制止台灣「走偏」。（注一二）

兩強儘管有很多利益衝突，都能管控在「鬥而不破」的基本面上，在兩岸關係這部份，習近平重申「一中原則」，會中提到「九二共識」，這是向美方傳達明確的訊息，台灣問題兩岸自己解決，甚至大陸單方面可以解決，沒有美國插手餘地。

歐巴馬則表示，美國信守美中，「三個聯合公報」和「台灣關係法」的「一個中國」政策，強調「美國不支持台獨、藏獨、疆獨，也

中美互利共贏 中國國家主席習近平（前排中）在北京人民大會堂會見出席第七輪中美工商領袖和前高官對話的美方代表，強調中美應妥善處理分歧，雙方互利共贏。（中新社）

不介入香港事務」，歐巴馬這個強勁的承諾，來自習近平在習歐會談中的訴求，「中華民族對事關中國主權和領土完整問題高度敏感，希望美方恪守有關承諾，不支持任何旨在損害中國統一和穩定的行動。」對此，也可能因台灣二〇一六大選，獨派蔡英文不承認「九二共識」，可能的變局，北京預為因應的回應。

習歐會在眾所矚目下落幕，《紐約時報》稱「成果未達預期」，英國《金融時報》直指「美國看不懂習近平」，較為確定者，中美關係走到轉折點，大國關係「非敵非友」，而是美國的衰落無可逆轉，中國的崛起勢不可擋，雙方國力逐漸來到「黃金交叉」時的首次高峰會。這個過程中，台灣始終都會是兩強手上可「買」可「賣」的好貨，只看時機和價錢，當人家在談買賣時，台灣內部還在打架和吵架！

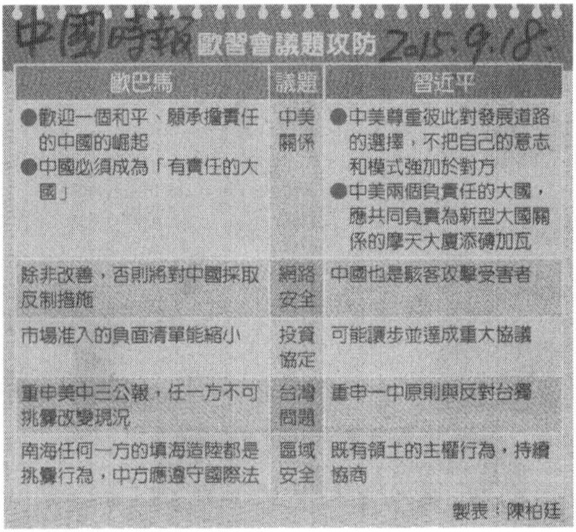

中國時報 歐習會議題攻防 2015.9.18.

歐巴馬	議題	習近平
●歡迎一個和平、願承擔責任的中國的崛起 ●中國必須成為「有責任的大國」	中美關係	●中美尊重彼此對發展道路的選擇，不把自己的意志和模式強加於對方 ●中美兩個負責任的大國，應共同負責為新型大國關係的摩天大廈添磚加瓦
除非改善，否則將對中國採取反制措施	網路安全	中國也是駭客攻擊受害者
市場准入的負面清單能縮小	投資協定	可能讓步並達成重大協議
重申美中三公報，任一方不可挑釁改變現況	台灣問題	重申一中原則與反對台獨
南海任何一方的填海造陸都是挑釁行為，中方應遵守國際法	區域安全	既有領土的主權行為，持續協商

製表：陳柏廷

小結本文，古今中外國家統一最關鍵的決定性因素，便是「國力」和「軍力」，從一九四九年至今，有力量決定兩岸離合的只有美國，二十年前美國尚能開兩艘航母，到中國人家門口來示威警告，二〇一五年三月中國便以「亞投行」重擊美國亞太戰略，凡此，都可見百餘年前孫中山說：「廿一世紀是中國人的世紀」，中國人經兩百年的衰落，終於要重新站起來。在習近平時代，統一定會向前邁大步。

中國的崛起復興，美國的衰落潰敗，都是一種「物理法則」，這是解決台灣問題千載難有的「天然條件和時機」，所謂「形勢比人強」，正是指此而言。

二〇一四年《李光耀觀天下》一書出版，對兩岸終將統一的預測，在台灣引起極大反響，媒體稱：「對台灣敲響警鐘」。

李光耀在書中說，經濟決定兩岸關係，逐步的，並且是勢不可擋的經濟往來把兩個社會融合在一起，大陸方面也不會覺得有動武的必要，台灣的未來並不由台灣人民的願望決定，而取決於中台的實力對比以及美國是否干預？台灣與大陸的統一只是時間問題，任何國家都無法阻止。

回顧共產黨搞統一，從毛澤東武力統一未成，到鄧小平提出

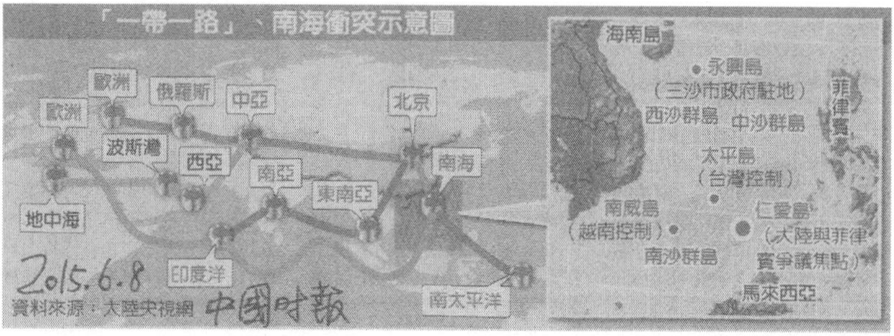

「一國兩制，和平統一」，從此成為兩岸再統一的最高指導原則，之後有「江八點」、〈反分裂國家法〉，一代比一代強化深化，到習近平更從全球戰略佈局、國家戰略，深耕兩岸關係；他所提出「兩岸命運共同體」、「兩岸一家親」，兩岸社會正在發生李光耀所說的「融合」現象，且真的勢不可擋，預期的結果大家都想看！

中國時報 2015.5.27

近年中國大陸南海動作事件薄

	事件
2012 7/24	在海南省下設「三沙市」，管轄西沙、中沙、南沙群島。
2013 1月	中國地圖出版社推出新版中國全圖，首度將南海諸島劃入，凸顯領土主權。
2013 年底	開始在控制的7個島礁進行填海造陸工程，施工島嶼的面積迅速擴大，已出現碼頭、機場等設施。
2014 1/26	南海艦隊遠洋訓練編隊駛抵曾母暗沙，舉行主權宣誓活動。
2014 3/30	菲律賓就南海爭議向國際海洋法法庭呈交陳情書和訴狀，大陸重申擁有南海主權，不接受國際仲裁。
2014 5月	將「海洋石油981」鑽油平台移至南海，引發中越船隻多次在海上衝突，更引爆越南史上最大排華示威。
2014 9月	海軍司令吳勝利搭乘軍艦視察填海造陸工程，還在西沙的永興礁視察聯合作戰操演。
2015 5/26	在南沙群島的華陽礁舉行南沙燈塔建設開工儀式，將在華陽礁、赤瓜礁建設兩座多功能燈塔。

製表：楊家鑫

注釋：

注一：吳國光、王兆軍，《鄧小平之後的中國》（台北：世界書局，一九九四年三月），頁二九四—二九六。

注二：陳福成，《決戰閏八月》（台北：金台灣出版社，一九九五年七月十日）。

注三：一九九九年七月九日，行政院陸委會資料。

注　四：徐光媚，〈從「民主和平論」看兩岸關係〉，《中國戰略學刊》九十七年春季號（台北：中華戰略學會，97年3月31日），頁一七五―二〇六。

注　五：同注四，頁一九三―一九四。

注　六：民國94年3月15日，聯合新聞網或其他媒體。

注　七：陳偉寬，〈中共軍事戰略的發展趨勢〉，《中華戰略學刊》一百年夏季刊〈台北：中華戰略學會，100年6月30日〉，頁五九―八五。

注　八：同注七，頁七一。

注　九：中國時報，二〇一二年十一月十六日，A26版。

注一〇：同注九。

注一一：相關報導可詳見，二〇一五年五月五日，兩岸各媒體報導。

注一二：中國時報，二〇一五年九月十八日，A2版。

第三章 統一在全球「和平發展」與「中國夢」大戰略思維之定位

二〇一二年十一月，中國共產黨召開十八大（第十八次全國人民代表大會，簡稱十八大），正式進入習近平主政時代，不論國內外情勢都是「全新的關鍵性時代」，強權競逐，世界和平和中華民族復興，牽動許多人的神經，而使問題複雜化，唯高層次戰略視野能洞徹真相。

就客觀國際環境言，美國的衰落不可逆，但其亞洲再平衡政策碰上中國的崛起，中華民族的復興已然勢不可阻擋，確保國家的和諧、安全、穩定、繁榮發展，為中共當前現代化建設的戰略任務，而以「和平發展」為核心意涵，和平發展成為二十一世紀，中國、亞洲乃至全球各國所必須，十八大乃有「人類命運共同體」全球化思維的提出，這種思維不同於往昔的美國強權，對於「存異」的國家過度干預造成的災難（如歐洲難民）。

中國的崛起，以堅定的和平發展為主軸，以人類命運共同體為核心概念，二〇一四年三月二十八日，習近平在德國柏林發表演講，提出真誠倡導世界各國共構和平發展的和諧世界。（注一）正是延續十八大的理念。

延續十八大理念的主觀「內需」，是「中國夢」的提出，「中國夢」倡導中國的和平發展並與世界分享，倡導「人類命運共同體」意識，在追求國家利益的同時，也共同促成各國的繁榮，共同解決人類發展中的難題。

中國夢是中華民族偉大的復興，中國夢的實踐需要一個「和平發展」的內外環境，偏偏美日企圖永久分裂中國的惡勢力也在糾纏著，在這個民族復興的過程中，兩岸完成統一始終是我中國國家與民族的核心價值。

因此，中國之崛起、中國夢之實踐、兩岸之統一、中華民族之復興，都需要一個「和平發展」的環境，而以上種種目標之達成，有賴國家從總體戰力進行全方位整建，製訂國家安全戰略，從戰略、大戰略的高度領導國家和人民，有堅強的國防戰力，就能確保發展可期和夢想實踐。

中共從毛澤東以後，鄧小平、江澤民到胡錦濤，各有國家發展的目標指導，鄧小平

「不要太早把頭伸出來」（韜光養晦）戰略指導，歷任領導人都謹守原則，到了習近平，中國的總體國力，已從區域強國向「世界級強國」邁進，這是中華民族復興千年難有的良機，也是習近平的機會，近幾年來，大國外交、南海造島、擴充軍備、亞投行、一帶一路等，已見習近平的大戰略和領導風格，中國國務院參事、人民大學美國研究中心主任時殷弘教授，直言鄧小平「韜光養晦」外交政策，已正式走入歷史，改採經貿為主、軍事為輔的積極「有所作為」大戰略。（注二）對於吾人最關心的「化獨促統」完成兩岸統一大業，當然也得從整個中國的國家安全戰略，大戰略剖析才有答案。

壹、中國全球「和平發展」主軸下的國家戰略決策因素

有史以來，大國強權的崛起，幾可說是「絕對」不可能維持百分百的「和平崛起」，古代西方羅馬帝國，我國漢唐元明清帝國，十五世紀後的荷葡英美的強權興起，武力爭戰都是必須的手段，二戰後的美國，為其一國之利，入侵多少國家？製造多少災難？連最近（二〇一五年）數百萬歐洲難民，元兇還是美國。（注三）顯然，大國強權的崛起，不和平是常態，戰爭也是不得已的手段，能做到百分百「和平發展」，則是功德圓滿的

理想。

廿一世紀吾國之崛起，有何能耐可以完全「和平發展」？尤其面對美日在我國琉球、釣魚台、南海等各領域的挑釁，鼓動越南、菲律賓，台灣獨派製造問題；新疆、西藏、香港的一些不安事件，背後亦有美國的黑手，中國還能堅持和平發展嗎？積極整建國防武力，恐是唯一根本之道，中共國家戰略決策製訂，有那些影響因素。

一、國際叢林環境因素

國與國之間的關係，自古以來雖千變萬化，亦有萬古不變的屬性，這個不變就是地球上從未出現過一個可以合法統治全球的中央政府，包含二戰後的聯合國也不是，這表示，各國必須有極高強度的國力，維持自身的生存發展，才能支持國家戰略、大戰略，追求國家利益和國家目標。

國家戰略是國家總體戰略之一環，由國家最高決策機構制訂，綜合考量國家利益和國際環境情勢，國家戰略包含政治、軍事、經濟、心理等四種力的創建及運用。古今戰略家對「戰略」定義各有解擇，按《國軍軍語辭典》，戰略定義是：「為建立力量，藉以創造與運用有利狀況之藝術，俾得在爭取同盟目標、國家目標、戰爭目標、戰役目標或從事決戰時，能獲得最大之成功公算與有利之效果。」（注四）而戰略格局是在一定期間內，國際關係中起主導和支配作用力量的結構。（注五）大國相互間的衝突、溝通、協調、對立、合作，通常就是國力「戰略態勢」的擺放佈局，已彰顯「和」或「戰」的決心。

當前中國的崛起勢不可擋，面對多變的國際叢林，世界格局和國際情勢有新的挑戰，中國國家戰略在「綜合國力」（如表）大幅升高，已對國際產生決定性影響力，開始偏重於大戰略佈署，在十八大的〈胡錦濤報告〉已指出，面對國際環境的挑戰，加強國防建設的目的是維護國家主權、安全、領土完整，

綜合國力指標架構

- 綜合國力
  - 資源:
    - 人力資源:人口數、預期壽命、經濟人口占總人口比重、萬人平均在校大學生人數。
    - 土地資源:國土面積、可耕地面積、森林面積。
    - 礦產資產(儲量):鐵礦、銅礦、鋁土礦。
    - 能源資源(儲量):煤碳、原油、天然氣、水能。
  - 經濟活動能力:
    - 經濟實力(總量):
      - GDP
      - 工業生產能力:發電量、鋼產量、水泥量、原木產量。
      - 食品供應能力:穀物總產量、穀物自給率。
      - 能源供應能力:能源生產量、能源消費量、原油加工能力。
      - 棉花總產量
    - 經濟實力(均量):
      - 人均 GDP
      - 工業生產能力:各種人均發電量、鋼鐵量、水泥產量、原木產量。
      - 食品供應能力:人均穀物產量、人均日卡路里。
      - 能源供應能力:人均能源消費量。
      - 生產效率:社會勞動力、工業生產勞動力、農業生產勞動力。
      - 物耗水平:按 GDP 計算的能源消費量。
      - 結構:第三產業占 GDP 比重。
  - 對外經濟活動能力:
    - 進出口貿易總額、進口貿易額、出口貿易額。
    - 國際儲備總額、外匯儲備、黃金儲備。
  - 科技能力:
    - 研究開發費占 GDP 比重
    - 科學家與工程師人數，千人平均科學家與工程師人數。
    - 機械與運輸設備占出口比重。
    - 高技術密集型產業占出口比重。
  - 社會發展程度:
    - 教育水平:人均教育經費、高等教育入學率
    - 文化水平:成人識字率、千人擁有日報數。
    - 保健水平:人均保健支出，醫生負擔人口數。
    - 通訊:百人擁有電話數。
    - 城市化:城市人占總人口比重。
  - 軍事能力:
    - 軍事人口數
    - 軍費支出、武器出口
    - 核武器:核發射裝置數、核彈頭數
  - 政府調控能力:
    - 政府最終支出占 GDP 比重
    - 中央政府支出占 GDP 比重
    - 問卷調查:(詢問 9 個問題)
  - 外交能力:使用10個因素在神經網路進行模糊測試

保障國家和平發展，中國軍隊始終是維護世界和平的堅定力量，將一如既往同各國加強軍事合作、增進軍事互信，參與地區和國際安全事務，在國際政治和安全領域發揮積極作用。（注六）可見在這吾國崛起的當前情勢考量，中國必須小心翼翼應付外來挑戰，尤以美日邪惡勢力對台灣的挑播離間，作出有力有效的反應，為「中國夢」實踐創造有利的國際環境。

二、中國式社會主義建軍用兵哲學因素

建軍、用兵，是一種哲學、藝術，更是一套思想體系，自古以來，世上各民族各國都有不同的建軍用兵思想，各有不同風貌，當前中共國家戰略、大戰略決策製訂，當然依建軍用兵思想受「中國式社會主義」規範。

中國式社會主義從共產主義思想「質變」而來，黨指揮槍是不易之鐵律，自馬、恩、史、列、毛，及鄧小平、江澤民，胡錦濤到現在的習近平仍堅定認同此一鐵律，黨不僅「領軍」，在一九七八年的憲法，規定共產黨為「全國人民的領導核心」，有權「領導國家」、「領導人民」、「領導國家的武裝力量」。（注七）也就是人們常說的「槍桿子出政權」、「黨指揮槍」通俗論述。

十八大後，胡錦濤、習近平出席中央軍委擴大會議，胡發表演講對解放軍提出的重點是軍隊堅決聽黨指揮，永遠忠於黨、忠於國、忠於人民、忠於社會主義，習近平呼應胡錦濤說法，並進而論說：

> 黨關於新形勢下國防和軍隊建設思想，是科學發展觀的重要組成部分，是科學發展觀在軍事領域的運用和展開，毛澤東軍事思想、鄧小平新時期軍隊建設思想、江澤民國防和軍隊建設思想的繼承和發展，是新形勢下推進國防建設的科學指南，胡主席在領導國防和軍隊建設的實踐中，展現出崇高的革命精神和革命風範。（注八）

當前中國的政治制度，以黨領軍、領政、領導國家、領導人民，從務實角度看，中國共產黨對中華民族之復興，對「中國夢」的達成，對兩岸完成統一，已經負有神聖之「歷

史使命」，「以黨領軍政」成為西方民主政治、伊斯蘭民主政治以外，世界上第三套實證成功的「中國式民主政治」（見第四章），這套制度適用於中國崛起、復興、統一之過程中，全國「統一意志、集中力量」所必須，這樣的哲學、思想，對國家戰略的決策考量，更能體現中國特色社會主義的建軍用兵哲學與國家戰略觀。

三、國際叢林本質性的安全威脅日愈進化與複雜化

自古以來，國家遭受外來的安全威脅乃至入侵，因素雖然很多，但主要是國家國力衰弱，才會「吸引」虎狼入侵，中國在清末民初的衰弱正是，由於承受百年屈辱，才使現在的中國人更期待「強國強軍」目標的實現，這種心裡自然影響領導階層的精英，製訂可以擺平國際不安全因素的國家戰略。

國際如「叢林」，相當程度的弱肉強食是不易的本質，從傳統的軍事威脅，到現在非傳統、非軍事威脅，弱者以恐怖攻擊進行報復，以及文明和宗教衝突，尤其「九一一事件」似乎是十字軍東征的續戰，巴黎、倫敦的恐怖攻擊，好像地球愈來愈不安全，各種威脅在快速進化和複雜化，中國對國際影響力不斷升高，將有更多安全問題要以不同於美式強權的處理方式。

當前中國所面臨國際不安全因素，主要來自美日同盟對我國統一大業和領土主權的干涉，當中國高舉兩岸統一大旗為國家目標時，即可能招致美日的軍事介入；當中國要起而保衛南海主權，美日則鼓動越南、菲律賓等周邊國家對中國進行各種手段乃至武力抗爭。除了高強度軍事威脅，中共也認識到政治、經濟、文化、社會、科技等「低強度威脅」，這些非軍事性威脅，主要來自美國為主的西方國家。（注九）因此，中國目前所認知的外來威脅，包含對國家目標做全般性「綜合國力指標」（如前表），進行總體思考的防衛思想，在中國崛起的過程中，面對國際綜合性安全威脅，純軍事思考已太狹隘，未來的國家安全戰略應可透過安全合作模式，建立非對抗性及非競爭性的安全合作，這也就是為何中國的國家戰略構想，必須與綜合國力的安全性做整體考量的根本原因。（注一〇）正如中國的國防法第二條指出，「國家為防備和抵抗侵略，制止武裝顛覆，保衛國家主權、統一、領土完整和安全所進行的軍事活動，以及軍事有關的政治、經濟、外交、科技、教育等方面的活動，適用本法。」這可謂是當前中國國家戰略、大戰略的最高指導原則，「台灣問題」當然也在綜合性安全考量的管控範圍。

然而從冷戰、後冷戰、九一一事件後美國攻打伊拉克、阿富汗導至IS（伊斯蘭國）崛起，恐怖主義橫行，各國體認到國際社會必須以合作求互信，以互信求安全，中共當然也看到這樣的國際趨勢，在十八大的胡錦濤報告已指出，在面臨生存安全威脅相互交織，要求國防和軍隊現代化建設有一個大的發展，必須堅持以國家核心安全需求為導向，統籌經濟建設和國防建設，同時，要適應國家發展戰略和安全戰略新需求，著眼全面履行新世紀新階段軍隊歷史使命，貫徹新時期積極防禦軍事戰略方針，與時俱進加強軍事戰略指導，高度關注海洋、太空、網路空間安全，積極運籌和平時期軍事力量運用，不斷拓展和深化軍事鬥爭準備，提高以打贏資訊化條件下局部戰爭能力為核心的完成多樣化軍事任務能力。（注一一）換言之，需要樹立以共同安全為基礎的新安全觀，發展國與國的良好關係，是中共在廿一世紀初時期對國際安全的新思維。

在中國崛起的廿一世紀初時期，中共不論對周邊鄰國，乃至非洲、歐洲、南美等深耕開拓，都為鞏固邦交，發展經濟，創造和平合作關係，準此制訂國家安全戰略，必須考量國際叢林本質性的安全威脅，以及日愈進化和複雜化的全球不安全因素。

四、主要與次要國家利益因素

國家利益（National Interest）是一國對外政策的基礎，唯何謂國家利益？則不易有一致性可操作的定義，但通常不外乎國家之安全、經濟和發展，並有高度的敏感性，故與國家目標、國家戰略、國家安全政策及民意，都有緊密的連結（如後圖表）（注一二）如後圖示，民國八十五年間，金馬地區欲與大陸單方面「小三通」，引進大陸水源，各方都認為將衝擊國家安全政策，危害國家利益等，可見其敏感性。

國家利益除抽象觀念如安全、發展外，尚有具體的目標，如收復領土、統一、合作、借款、外援等。因此，各國追求國家利益時，就輕重緩急又分主要和次要國家利益，主要者，如領土完整、政治獨立，及某種歷史或基本信條的尊守，主要利益外，其餘是次要利益，不得已時得犧牲此種利益，而不致危害到國家安全和繁榮，次要利益常是外交談判的大部分主題。

國家安全政策產生（內容）

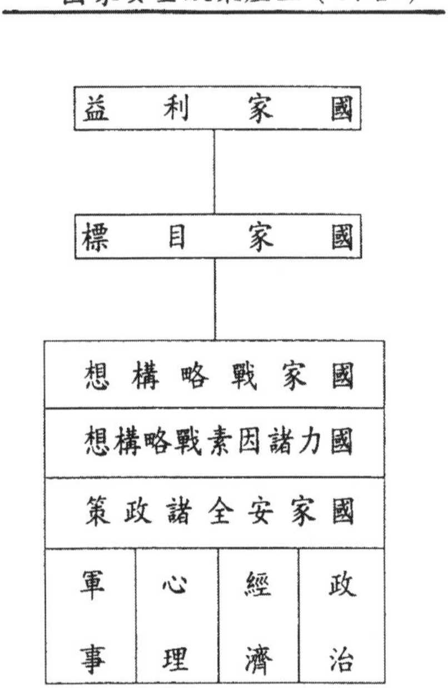

金馬民意對國家安全政策的衝擊

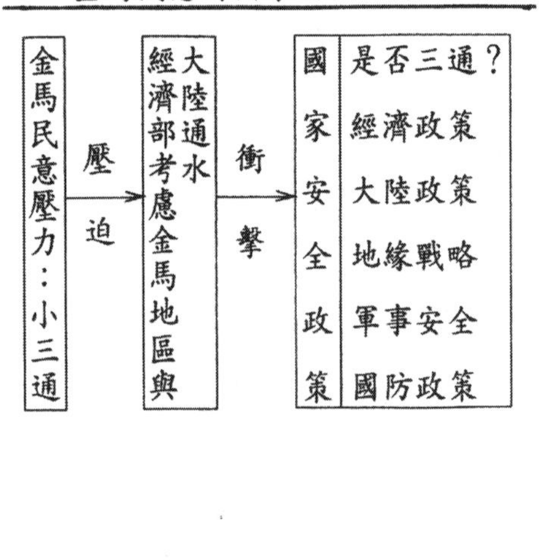

國際關係的叢林屬性，體現在大（強）國間的現實主義（Realism），國家安全的核心價值就是國家利益，只有利益，沒有道義，不談正義。中共在憲法中明確規定，共和國武裝力量的任務是鞏固國防，抵抗侵略，保衛祖國，保衛人民的和平勞動，參加國家建設事業，努力為人民服務，中國的國家利益、社會制度、對外政策和歷史文化傳統，決定中國的國家戰略決策與方式，中共在二〇一〇年以來的國防白皮書，多強調建設與國家安全和發展利益相適應的鞏固國防和強大軍隊，是中國現代化建設的大戰略與國家戰略任務，是中國各族人民的共同事業。

隨著中國的崛起，綜合國力的增強，中華民族復興的信心大增，民族主義開始凝聚各族人民的力量，成為美國在亞太地區領導地位的挑戰者，就放到全球影響力，更是讓美國感受到無比壓力，因為許多方面早年中共並不強調，如南海、釣魚台、台灣，乃至非洲、南美、歐洲等投資或外交，如今都快速從次要利益升級成主要利益。

前述所謂國家在某種「不得已」狀況，次要利益可以犧牲、放棄或妥協，通常就是指國力衰弱，當然就任人宰割，正是所謂「弱國無外交」，中國人從一百年前的孫中山時代，就期待著「廿一世紀是中國人的世紀」。如今，中國人真的起來了，別說是台灣或釣魚台，就是南海的一粒沙、一堆土、一個島礁，也都是中國的主要利益，準此思維，積極參與國際事務，制衡美國霸權勢力，是當前中國的國家戰略重要的決策因素。

小結本節各點，中共權衡本身的發展需要和國際潮流，體認到全球化「和平發展」的必須，並在這個主軸下緊抓影響制訂國家戰略的主客觀因素，在這綜合、複雜的環境中，台灣問題、領土主權都不僅是「中共」的主要利益，更是「中國」的核心利益，中華民族的核心利益。

不論有多少利益要保衛，國力戰力不足，全是空話，「中國夢」也永遠是夢，乃至「和平發展」也沒有保障，所以，在前述國家戰略決策指導下，在國際建構共同安全磋商對話機制，建立防禦性戰略，持續軍事現代化目標，使軍事戰力「從中國型轉變到世界型」的軍事武力，把兩岸統一放在全球「和平發展」大戰略構想中，置於「中國夢」國家戰略架構裡，統一永遠是這個大網絡內的核心利益，台灣，永遠是中國的台灣、中華民族的台灣。捨此，無路可去！

貳、中國夢的提出、內涵與大戰略思維

「中國夢」是中國共產黨十八大後，習近平所提出最重要思想指導和執政理念，正

式提出於二〇一二年十一月二十九日，習主席將「中國夢」定義為實現中華民族偉大復興，是中華民族近代以來最偉大的夢想。

這個夢想的提出，並非如台灣一群政客所喊叫的政治語言，而是依據國力戰力的支持才提出，沒有實力，怎敢做夢？首先中國高鐵網到二〇一二年，形成「一日生活圈」，這是國家戰略乃至大戰略的交通建設，二〇一〇年元月，第三顆北斗導航衛星發射成功，成為繼美國**GPS**、俄羅斯**GLONASS**，第三個擁有自主衛星導航系統的國家，到二〇〇九年，中國的「東風—21丁」（專打航母）研發完成，是全球第一種具有移

動能力的路基導彈，足以打擊摧毀移動中的航母群。（注一三）二〇一一年四月，國際貨幣基金組織（IMF），發布預期中國經濟將在二〇一六年超越美國。（注一四）均見中國的綜合國力在快速上升，故能支持「中國夢」的提出。

「中國夢」是什麼？中國不同於「美國夢」，事實上中國夢並不是「夢」。「中國夢」倡導與世界共享和平繁榮，尤其對目前仍是老大的美國，在戰略上採「不衝突、不對抗、相互尊重、合作共贏」的新型大國關係，指出太平洋完全能容得下中美兩國，不能走回「零和思維」的老路。（注一五）二〇一三年習近平首度闡述「中國夢」前景，強調實現「國家富強、民族振興、人民幸福」，有三個「必須」：必須走「中國道路」，即中國特色社會主義道路；必須弘揚「中國精神」，以愛國主義為核心的民族精神，以改革創新為核心的時代精神；必須凝聚「中國力量」，即中國各族人民大團結的力量。（注一六）中國崛起已然成世界級大國，向世界強國快速邁進，中國人有資格開始構想「中國夢」，解析中國夢內涵甚為豐富可靠。

一、以「中國夢」營造「人類命運共同體」

中國夢提出後，二〇一四年十一月APEC會議上，習近平進而界定「亞太夢」，包含美、日和亞太各國的關係，應「共同建設互信、包容、合作、共贏的亞太夥伴關係，志同道合是夥伴，求同存異也是夥伴，大家尊重彼此對發展道路的選擇，堅持互利合作，改變贏者通吃為各方共贏，共同做大亞洲發展的蛋糕，共同促進亞太大繁榮。」所以，「中國夢」所程現的遠景，是屬於全人類的，是以「人類命運共同體」為核心價值的，不是誰來領導全球，不是要把「異者」全都打掉，不是要把誰吃掉，習主席用三個「共同」描繪「中國夢」願景：「共同享有人生出彩的機會、共同有夢想成真的機會、共同享有同祖國和時代一起成長與進步的機會」，這正是人類命運共同體的核心價值，換言之，中國夢與亞太夢，人類夢是「一掛的」，但首先要以「中國夢」為基礎，以中華民族的復興和共同體為出發，中華文化的優秀傳統，就是振興民族最需要的精神糧食和支柱。

從歷史文化來深探，「中國夢」本來就有極高的世界性意義，中國從古以來，就以多樣性文化價值為世界所推崇，秉承開放性和包容性為異國人士所傾倒，「中國夢」不光是中國人的，也屬於全人類的，中國夢倡導與世界分享和平繁榮，台灣自然也包含在內，有了中國夢，自然也有「台灣夢」，這是國家的和平、統一與繁榮。

由上所述，中國夢以立足中國，放眼全球，是中國當前的國家戰略，大戰略之格局，以中國綜合國力為基礎「積極參與區域經濟和國際合作，「亞投行」、「一帶一路」等開展，都是這個大戰略、國家戰略構想下，一步步推動，實現中國夢，造就「人類命運共同體」。

二、冷戰後冷戰，到中國夢的共同安全：你中有我，我中有你

人類社會從古自今都追永久和平，實現人性中最低層次的需求「安全」。以二戰後的模式為例，大約不外〈聯合國憲章〉所述的集體安全（Collective Security）和區域安全（又叫聯盟政治 Alliance Politics），做為追求國際安全的途徑。（注一七）如二戰後的北約、華沙公約，亞洲的美日安保、美韓、美菲、美台共同防禦、中東的中部公約等，這些條約雖得到一時安全，確也種下很多難以收拾的禍害，美國為追求一已私利，二戰後所有發動的戰爭，造成無數禍害，延續到廿一世紀「九一一事件」及恐怖主義盛行、伊斯蘭國（IS）壯大的現在國際現狀，各國不安，人人自危。

追本溯源，冷戰後冷戰的國際安全構想，充滿著資本主義的「零和」思想，美其名「民主政治」，本質上是十九、廿世紀帝國主義的餘毒，西方霸權和美國獨大的霸權文化，民主政治只是亮麗的外衣，本質上的「零和遊戲」，是消滅對手或贏者通吃，如是求可長可久的和平，實在是緣木求魚。

現在中國有能力使世界變好，中華文化可以改變世界文化，中華文化的包容性使「你中有我、我中有你」，國際間不再是「零和」關係，而是互利、共存、共榮、共贏，這當然包含台海兩岸，習主席「中國夢」的新理念，源自中華文化的活水，基於大家共處一個世界，必須有「人類命運共同體」的信念，國際社會日益成為一個「你中有我、我中有你」的「命運共同體」，要徹底揚棄冷戰後冷戰時代的「零和」思維，建立共同命運的共同安全觀。

廿一世紀，任何國家都不可能獨善其身，無論政治、經濟、軍事、環保等，也不可能自外於鄰國，必然與國際關係產生安危與共的「命運共同體」關係。

三、中國夢與台灣情共存共榮：共同文化與價值觀

台灣和大陸，同文同種同文化是永恆不破的優勢，加上地緣關係的連結，中國夢的內涵可以是「台灣夢」的內涵，二〇一四年九月二十日媒體報導，國台辦主任張志軍完整說明習近平的對台政策，其中包含中國夢與台灣前途息息相關，逐步解決政治分歧，深化「一中框架」等。（注一八）實現「中國夢」是兩岸同胞共同願望，中國夢的內涵也可以是兩岸中國人的共同價值觀。

二〇一三年三月，習近平接任國家主席時曾多次提到他對民族的自豪，希望帶領中國邁向新的方向，採取穩中求變的務實政策，他心中的「中國夢」包括：①追求經濟騰飛、生活改善、物質進步、環境提升。②追求公平正義、民主法制、公民成長、文化繁榮、教育進步、科技創新。③追求富國強兵、民族尊嚴、主權完整、國家統一、世界和平，從而來在整個廿一世紀一步步實現中華民族偉大的復興。

這些論說不僅是兩岸中國人的共同願景，相信也是世界各國的普世價值，但關鍵是「誰」在說？台灣許多政客選舉時也這麼說，誰相信呢？實現夢想需要實力，沒有實力的夢永遠只是夢！現在習近平帶領中國人要實現中國夢，並經由大戰略運作一步一腳印去完成，絕非虛言。全世界都知道中國人現在行了，開幹了，如「亞投行」、「一帶一路」。

參、中國夢的大戰略運作

世間一切的夢想、理想、構想、願景，除了靠實力才能做到，才有「發言權」，還要有可運作，可操作性，可行的操控全程可能的變數，否則，一切也可能淪於空想、幻想、神話，如台獨思維，都只剩下「一張嘴」。

中國的大國崛起「和平發展」國家戰略與大戰略，從胡錦濤在博鰲亞洲論壇二〇〇八年年會開幕，表達了廿一世紀中國的國防政策：「中國始終不渝走和平發展道路……致力於和平解決國際爭端，奉行防禦性國防政策，永遠不稱霸，永遠不搞擴張。」（注一九）除與美俄建立「戰略性夥伴關係」，並與許多國家建立各種不同形式的政、經、軍、心等「夥伴關係」。

一、國內外廣泛散播、建構「和諧世界」的理念

後冷戰西方開啟對話機制，有了「和平發展」願景，中國也體認此一國際潮流，前大陸國家主席胡錦濤在二〇〇五年時，提出主張建立「和諧世界」，世界各國應相互尊重國家主權、包容差異，公平分配經濟利益，中國率先倡導並致力於持久和平，共同繁榮的和諧世界。

二〇一三年習歐莊園會時，習近平提出三

參與一帶一路　義大利籲北京買港口

人間福報　二〇一五、三、二十二

三月二日，義大利駐北京大使白達寧說，「一帶一路」對沿線國家有重要意義。中國船隻到南歐，都要經過義大利港口，建議中國「完全可以入股或收購義大利港口」。

「一帶一路」是中國最新國際戰略，包括「絲綢之路經濟帶」及「二十一世紀海上絲綢之路」，前者經陸路連接中亞、歐洲，後者經海路連接東南亞，到歐洲和非洲。這是中國經改配套，透過亞投行、絲路基金及高鐵外交，既幫助沿線國家加速基礎建設，也讓中國企業、過剩產能「走出去」。

「絲路經濟帶」是世界跨度最大的經濟走廊，途經中亞，從來不乏關注。一九九〇年代日本就提出「絲綢之路外交」新戰略，四年前美國也明確提出「新絲綢之路計畫」。

美日有此構想不奇怪，百年前的大博奕就在這裡發生，若用安倍晉三的「地圖外交」來詮釋，更容易明白。展開地圖，中亞五國總面積超過四百萬平方公里，古絲路上的哈薩克、烏茲別克、吉爾吉斯、塔吉克和土庫曼位於亞歐要衝，有豐富油氣、礦產和廉價勞動力。

經濟全球化正往縱深發展，區域經濟「一體化」加速，長期被國際視爲戰略要地的中亞各國，由於地處內陸，交通不便，經濟發展水準不高，「一帶一路」將使地緣劣勢轉變爲優勢。

俄羅斯面臨歐美經濟制裁，也開始把目光轉向亞洲，部分中亞國家昔日爲蘇聯的一部分，俄國的太空船發射基地還在哈薩克，重建關係並不困難。而中國已成爲哈薩克、土庫曼第一大貿易夥伴，烏茲別克、吉爾吉斯的第二大貿易夥伴。二〇一三年，中國與「一帶一路」沿線國家的貿易額超過一萬億美元，占中國外貿總額的四分之一。

美國擔心亞投行挑戰美日建構的世界金融組織，但現在需要中國的俄羅斯，未來會不會與中國玩一局大博奕，猶未可知。

個有關中美未來關係問題，其中之一是「中美應該怎樣攜手合作來促進世界和平與發展？」準此，詮釋內涵應是：「我們雙方應從兩國人民利益出發，從人類發展進步著眼，創新思維，橫極行動，共同推動構建新型大國關係。」因此，中美兩國應平等相待，不要誤入互鬥歧途，而應以世界和平與人類共同發展為重，共同合作努力。（注二〇）在過去的一年多（二〇一四到一五年），中國面對美國「重返亞洲」步步進逼，不僅以「亞投行」重挫美國的亞太戰略，另採「西向戰略」，以一帶一路，與英國和德國兩大歐洲強權建立穩固關係，加上「中俄戰略夥伴」共同制衡美國霸權。

凡此說明「和平發展、和諧世界」，需要實力、國力支撐，中國目前已有實力放眼「全球治理」。（注二一）未來，中國的國力到那裡！那裡便是和諧世界！那裡得以和平發展，這是中國夢→亞太夢→世界夢的進程，這是「以建民國，以進大同」。（注二二）中華民族自古以來「扶弱濟貧」，而不是把對方佔領、吃掉！講和平、和諧、厚道，是中國人立身處世的核心價值，人生的座右銘。

二、共同安全：國家利益與人類利益共贏

為和平、和諧共同發展理念，千禧年以來中國領袖積極奔走各國，每成國際媒體焦點。二〇〇三年十二月十日，溫家寶在美國哈佛大學發表題為「把目光投向中國」演說，明確表示「中國和平崛起的發展道路」，強調「必須也只能把事情放在自己力量的基點上」。（注二三）二〇〇四年四月廿四日，胡錦濤在博鰲亞洲論壇年會以〈中國的發展、亞洲的機遇〉為題演講，首次提出「和平發展道路」，高舉和平、發展、合作的旗幟，同亞洲各國共創新局，為人類和平發展做出更大貢獻。（注二四）

二〇〇五年十二月二十二日，北京國務院新聞辦公室發表〈中國的和平發展道路〉白皮書，第一次以政府文告形式，有系統闡述和平發展道路，提出四點內容：（一）爭取和平的國際環境發展，以自身發展促進世界和平；（二）依靠自身力量和改革創新實現發展，同時堅持實行對外開放；（三）順應國際經濟發展趨勢，努力實現與各國的互

利共贏和共同發展；（四）堅持和平、發展、合作，與各國共同致力於建設持久和平與共同繁榮的和諧世界。（注二五）中國已經認為和平與發展，是當今國際不可阻擋的潮流，也是中國制定大戰略的最基本依據，按此思維才能建構共同安全，使國家利益和人類利益共贏。

二〇一四年三月二十八日，習近平在德國柏林演講，亦高舉「和平、發展、合作、共贏」大旗。二〇一五年十一月在新加坡的「馬習會」，兩位領導人致辭的共同點在強調「民族和平」，意即中華民族的和解共生，習近平強調兩岸是「同胞兄弟」，馬英九則強調兩岸同是「炎黃子孫」，應當和平發展共同振

新任中共中央總書記習近平（中）和另六位政治局常委張高麗（左起）、劉雲山、張德江、李克強、俞正聲、王岐山，在北京人民大會堂與採訪十八大的中外記者見面。 圖／法新社

7常委 按神奇號碼站定

【本報綜合報導】中共政治局常委究竟是七人或九人，在結果未出爐前，始終懸在人們心上，但昨天在北京人民大會堂現場等待常委亮相的媒體，已先從「一組號碼」（圖／中央社）得悉新任常委是七人。

這組「神奇號碼」就是貼在台上地毯上的「一至七」排名數字，這是給新任常委數字站定位置的，因數字只到七，所以能把握知道只有七名常委。從台下的方向往台上看，「一」貼在最中間，二在一的右邊，三在一的左邊，四又在二的右邊，五在三的左邊，依此類推。

習近平帶領六名新任政治局常委走上台時，雖是按排名順序出場，但走上台後，就是按照這個數字站定位，從左到右依序是張高麗、劉雲山、張德江、習近平、李克強、俞正聲、王岐山。

等到見面會結束後，眾多媒體一擁而上搶拍這些「神奇號碼」。不過，安全人員見狀趕緊上台把貼紙撕掉，制止媒體上前拍攝，不少媒體高喊「等一下，等一下」。

中共十八屆政治局常委

	習近平	李克強	張德江	俞正聲	劉雲山	王岐山	張高麗
[illegible]	59歲	57歲	66歲	67歲	65歲	64歲	66歲
[illegible]	清華大學法學博士	北京大學經濟博士	延邊大學畢、北韓金日成綜合大學學習	哈爾濱軍事工程學院畢	中共中央黨校畢	西北大學歷史系畢	廈門大學經濟系畢
[illegible]	陝西省渭南市富平縣	安徽省定遠縣	遼寧省台安縣	浙江省紹興市	山西省忻州市	山西省天鎮縣	福建省晉江市
[illegible]	[illegible]	[illegible]	江澤民系人馬	[illegible]	[illegible]	[illegible]	江澤民系人馬
[illegible]	[illegible]	[illegible]	[illegible]	[illegible]	[illegible]	[illegible]	[illegible]

製表／人間福報編輯部

興中華。（注二六）和平發展、互利共贏，已成中國崛起的大國戰略，乃「全球治理」的思維，台灣如何自外於全球？難不成要去月球上建立「台灣國」？

三、建構周邊國家友好關係，發展區域經濟安全

在「和平發展、和諧世界」的戰略指導下，中國對鄰國堅持「親、誠、惠、容」理念。在二〇一四年博鰲亞洲論壇年會，舉辦「絲綢之路的復興：對話亞洲領導人」論壇，中國國務委員楊潔篪出席講話，倡導亞洲各國弘揚和平友好，開放包容、互利共贏的絲綢之路精神，共建一帶一路。

當前，中國與周邊國家的關係，整體來說是好的，主張透過協商和對話解決分歧，事關主權和領土完整的大原則上，堅決捍衛中國的合法權益，「人不犯我、我不犯人」，這是防禦性安全的觀點，中國從未企圖奪取或占領其他國家領土。（注二七）

北韓被打回票 台只能當普通會員

2015.4.16. 人間福報

亞投行創始會員 拍板57國

【本報綜合外電報導】據中國大陸財政部資料，由中國領軍成立的亞洲基礎設施投資銀行（亞投行），最終有五十七個意向創始成員國，包括西方國家英國、德國、義大利、法國、澳洲，而金磚國家巴西、俄羅斯、印度及南非亦全部加入，G20集團亦有過半數成員加入。五大洲國家獨缺北美洲成員。

另外，亞洲多國例如馬來西亞、新加坡、南韓、緬甸、泰國等，亦成爲意向創始成員。其他國家和地區之後仍可加入亞投行，意即台灣只能作爲普通成員國。隨後，各方將於年中完成亞投行章程談判並簽署，年底前正式成立亞投行。

中國國台辦發言人馬曉光周三表示，中國歡迎台灣方面以適當名義參與亞投行的態度，沒有改變。馬曉光重申，亞投行是開放、包容的國際多邊開發機構。相信有關各方在今後協商制定章程時，會正面考慮台灣方面參與亞投行的問題。

日本傳媒報導，台灣總統馬英九受訪時，對台灣未能成爲亞投行創始成員表示遺憾。

中國官媒《環球時報》昨天一篇題爲《中華台北顯台傲嬌心態，入亞投行障礙在台自身》報導稱，北京當局討論的名稱僅有「台北，中國」或「中國台北」，而非「中華民國」或「台灣」。報導並稱台灣加入亞投行最大阻礙是「反中」與「民粹」，中國婉拒台灣成爲創始成員國，避免對國際釋放「一中一台」錯誤訊號。

據報導，早前北韓亦曾提出申請，但被大陸直接打回票，甚至不可能成爲一般成員。而美國、日本、加拿大三個G7國家，仍有可能在未來，以一般成員方式加入。

中華民族崇尚和平，重視防禦（長城的存在就是證明），不尚攻略，這些論述，主要在說明從歷史角度使周邊國家體認命運共同體，有利於推動共同安全，發展區域經濟安全，顯示中國對周邊國家的安全相當高度重視。

在區域經濟發展前提下，大陸總理李克強於二〇一四年博鰲論壇提出三重點：（一）堅持共同發展的大方向，形成亞洲利益共同體；（二）構建融合發展的大格局，形成亞洲命運共同體；（三）維護和平發展的大環境，打造亞洲責任共同體，演講中亦針對區域全面經濟夥伴關係協定（RCEP），中方願與各方積極推動。

在二〇一四年十月，中國以一千億美元成立「亞洲基礎設施投資銀行」（亞投行），到二〇一五年四月拍板有五十七個會員國，西方國家英國、德國、

一帶一路 陸開啓兆元投資潮

人間福報 2015.4.5. A

【本報綜合報導】傳出中國大陸「一帶一路」重大工程清單已在各省內部傳閱，地方政府聞風而動，紛紛提出相關清單規畫；外界認爲，未來幾年將開啓大陸上兆元的投資熱潮。

中國大陸國家發改委、外交部、商務部上個月二十八日聯合發布「推動共建絲綢之路經濟帶和二十一世紀海上絲綢之路的願景與行動」，畫定大陸經濟對外發展的五條國際大通道，圈定沿線十八個省分，並將福建、新疆分別設定爲陸海「兩翼」核心區。

《華夏時報》報導，未來幾年將要簽約、開工的專案，涉及鐵路、公路、能源、資訊、產業園區等幾百項重大工程，主要集中在大陸與中亞、南亞，預計今年大陸「一帶一路」投資額，就高達人民幣三千億至四千億元（約新台幣一點五至兩兆元）。

民生證券研究院執行院長管清友表示，福建是主要面向亞太地區開放的窗口之一，而新疆周邊與八個國家接壤，是絲綢之路經濟帶上的中心。大陸各省今年兩會政府工作報告，投資專案總規模已達人民幣一點零四兆元（約新台幣五兆元）。

據統計，「一帶一路」戰略涵蓋全球四十四億人口，國民生產毛額（GDP）規模逾二十兆美元（約新台幣六百二十八兆元），分別占世界的百分之六十三和百分之二十九。清單涉及在哈薩克、吉爾吉斯、塔吉克、巴基斯坦等周邊國家相關的基礎設施。

舉例來說，山東青島已布局推進近八十個投資貿易重點專案。陝西西安今年三月初，也啓動第一批六十個重點項目，總投資達人民幣一千一百五十五億元（約新台幣五千八百八十一億元）。

據悉，慶華集團和哈薩克合作的煤炭清潔利用專案，就是重大合作項目之一。寧夏慶華投資控股總經理李雷表示，這專案是隨同大陸總理李克強訪問哈薩克時簽約，約投資三十億美元（約新台幣九百四十二億元）。

義大利、法國、澳洲，而金磚國家巴西、俄羅斯、印度、南非亦全加入，G20成員約半數加入，亞洲多國如馬來西亞、新加坡、南韓等，亦成為創始會員國。

亞投行接著是「一帶一路」，中國先承諾四百億美元成立「絲路基金」，協助各國一帶一路的相關基礎建設，把中國夢連接到亞太夢、世界夢，恢復中國作為世界貿易中心的盛世。

從前述中國大戰略運作來看，「中國夢」的實現，包含綜合國力的展現和支撐，中共十八大報告才能有「中國夢」目標路綫圖、時間表及明確的戰略指導。

中國人深刻了解自己歷史文化的特質，慎重選擇「和平發展、和諧世界、合作共贏」的「中式價值」，才能復興民族，實現中國夢，同時帶動亞太夢、世界夢（大同）也實現。從政治、軍事、內政、外交，以及經濟、文化，世人已明顯看到，「中國夢」已在步步實現中。

肆、「和平發展」、「中國夢」與兩岸統一時間表

大陸對統一問題，顯然已經不是單純的看成「台灣問題」，而是以「大國外交」的

態度，進行「全球治理」，實現「中國夢」，完成中華民族的偉大復興，統一是這個全程全局的核心利益，當全球大環境已倒向統一，台灣回歸祖國完全統一如水到渠成，變成一個自然的流程，這當然需要戰略性指導綱領，也是政、軍、經、心的全面指導要領。當然，古今中外任何國家的「反獨促統」，定有軟、硬兩手策略，乃至更多。硬的指軍事武力的運用，這在中共〈國防法〉、〈反分裂法〉、〈國安法〉有規定。軍事武力以外的都是軟的、軟工夫、軟實力，這些才是不可抗拒、促成「水到渠成」的偉大力量。

一、統一的戰略指導：「三不會」和「四個繼續」

習近平主席在多個場合提出「四個全面」，先在江蘇，再是二〇一五年九月在「紀念抗戰勝利七十周年」，稍後又在政治局會議提「四個全面」戰略布局。（注二八）顯然「四個全面」已成習近平執政的政治指導綱領，俱有國家戰略的高度，這「四個全面」除了是內部改革的指導，和對台灣的「三不會」和「四個繼續」有密切的關係。

（一）關於「四個全面」

二〇一四年底，習近平在江蘇調研時，提出「全面建成小康社會、全面深化改革、全面推進依法治國、全面從嚴治黨」。之後又多次提到，這是延續胡溫的政治改革，溫家寶強調「政治體制改革和經濟體制改革應該協調推進」，黨和國家才會充滿生機和活力，公平正義是社會主義的本質。（注二九）大陸的政治，經濟體制改革確實在步步推進，才敢言「全球治理」，才敢於追夢！

四個全面是中共對於國家治理的綜合性戰略指導做法，也是中國在崛起的過程中展現「改變體質」的決心宣示，它的提出和前面各領導人理念是有延續性的，而十八大做歷史經驗的總結，提出做為解決現實問題及未來數十年追求「中國夢」的戰略思考。四個全面有完整的思想體系和豐富的理論性，有相互連動關係。

第五代領導人 ▲中共新任總書記習近平（左）帶領明年將接任國務院總理的李克強（右），15日首次會見媒體。（中央社）

四個全面強調國家治理的基本概念，針對國家邁向廿一世紀的大國現代化治理，體現「中國式民主政治」的內涵。（注三〇）包含各層面的制度改革、法治建立、黨的思想建設、組織建設、反腐倡廉建設，全面邁向中國式社會主義小康社會諸目標，為國家發展重要的綱領性依據。

（二）關於「三不會」

「三不會」和「四個繼續」雖用於台灣，與「四個全面」有結構性關係。二〇一五年四月，大陸國台辦主任張志軍表示，大陸對台將堅持「三不會」和「四個繼續」，持續推動兩岸經濟交流合作、大陸居民赴台旅遊、兩岸基層交流、為交流和人員往來提供便利。他特別提出擴大兩岸青年交流規模，讓更多青年參與兩岸關係發展進程。（注三一）這「三不會」是大陸推進兩岸關係，和平發展方向不會變、步伐不會停、信心不會減。這是一種政策性的政治宣示，大陸如是說亦如是做，只要看看數百萬台商在神州大地打拼，其中亦有「台獨份子」，賺錢養民進黨，回來票投給獨派，但大陸並沒有歧視或干預他們，都在商言商。（注三二）這表示大陸完全不在乎這些獨派的「小動作」，這種冷戰時代的思維，大陸看待統一問題已從「全球台理」大戰略的高度。

台灣看待大陸的經濟發展，還存在冷戰時代「以商圍政」的紅色恐懼症，用二分法搞「零和遊戲」，再以民粹主義進一步崩解台灣，面對「統一」的無力和恐懼，中國歷史上的「偏安政權」，有著不安的等待，等待被統一，而事實上，恐懼、不安、民粹、崩解，從另一個角度看，也是一種「統一操作」，本書第二篇論述之。

由於台灣偏安政權存在這種「先天病症」，大陸那些專家太清楚了。因此，他們對未來的統一，方向不會變、步伐不會停、信心不會減。

（三）關於「四個繼續」

「四個繼續」在前述戰略性，綱領性的指導原則下，進一步更俱體化、深化的操作面、執行面，訂出明確的執行項目，完全針對台灣民間各業界的需要。

第一個繼續：繼續推動兩岸經濟交流合作，大陸願意讓台灣同胞首先分享大陸市場的機遇，近年提出的一帶一路、亞投行，都樂於讓台灣參與，兩岸「貨貿」於二〇一五年十一月在台北圓山飯店舉行，雙方對四大產業有了具體共識。（注三三）顯示兩岸經濟交流合作，確實在如預期的深化中。

第二個繼續：繼續推動大陸居民赴台旅遊健康有序發展，台灣旅遊業者提出希望擴大各省居民赴台旅遊，尤其擴大開放個人遊的城市數量。這部份只要看台灣各風景區，各都會越來越多的陸客就清楚了，大陸已充分考量台灣市場的需要，同時也希望兩岸共同維護旅遊品質。

第三個繼續：繼續大力推動兩岸基層交流，大陸鼓勵兩岸工會、農漁、婦女、社區等各界民眾和團體，開展多樣形式交流活動，如經驗交流、專題研究、基層實習、民間信仰、宗親聯誼、弘揚民俗文化等。

青年是國家未來的希望，是兩岸關係的未來和希望。大陸將擴大兩岸青年交流規模，豐富交流內容，讓更多青年參與兩岸發展的進程，在大陸設立兩岸交流基地，做擴大規模的平台。

第四個繼續：繼續為兩岸交流人員往來提供便利。二〇一四年兩岸人員往來規模突破八百萬人次。（注三四）二〇一五年九月，大陸全面啟用「卡式台胞證」，將使兩岸同胞往來更方便。（注三五）應台灣要求，希望改善兩岸空中直航航路，縮短兩岸航線距離，降低成本，惠及所有中國人，此尚待努力。

若「三不會」和「四個繼續」深化下去，有一天兩岸同胞再「無差別」，兩岸人員往來如這個省到另個省，試問：廣東人到福建洽公要辦「廣胞證」？四川人去貴州旅遊要「四胞證」嗎?當兩岸人員往來「無差別」，不須任何證件，「台灣問題」和「中國問題」才算完全解決。

二、「和平發展」與「中國夢」大戰略下的兩岸統一時表

各界關注的中共十八屆三中全會，於二〇一三年十一月十二日閉幕，中央電視台播放會議主軸「全面深化改革」的決定，「國家安全委員會」宣告成立，同時宣布成立「中共中央全面深化改革領導小組」，確立二〇二〇年的改革時間表，及部署十五方面改革，確認未來數十年內各階段國家安全戰略構想。（注三六）根據三中公報，習主政（二〇一二—二〇二二年），期間取得決定性成果，國民所得和城鄉收入「翻一番」，到二〇二三年**GDP**將超越美國。

二〇一五年七月一日，習主席簽署公布《國家安全法》，以法律確立所有「國家安全」領域，並明定台灣人民維護中國統一的共同義務，可見中國是「硬」起來了，不同往昔「寄望」於國民黨或台灣人

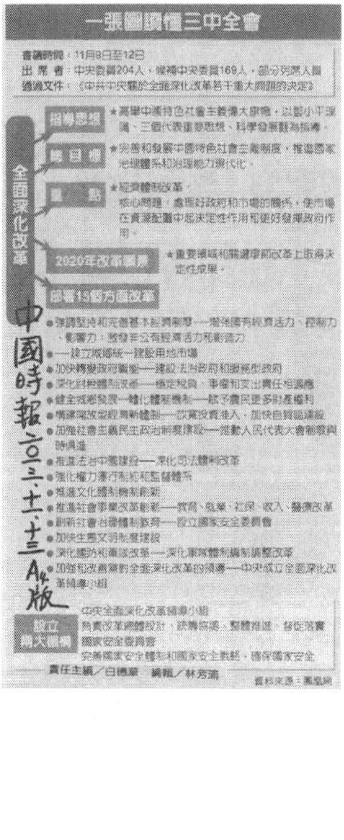
一張圖讀懂三中全會

會議時間：11月9日至12日
出 席 者：中央委員204人，候補中央委員169人，部分列席人員
通過文件：《中共中央關於全面深化改革若干重大問題的決定》

全面深化改革

指導思想 ★高舉中國特色社會主義偉大旗幟，以鄧小平理論、三個代表重要思想、科學發展觀為指導。
總目標 ★完善和發展中國特色社會主義制度，推進國家治理體系和治理能力現代化。
重點 ★經濟體制改革。核心問題：處理好政府和市場的關係，使市場在資源配置中起決定性作用和更好發揮政府作用。
2020年改革目標 ★重要領域和關鍵環節改革上取得決定性成果。
部署15個方面改革
- 堅持和完善基本經濟制度——增強國有經濟活力、控制力、影響力；激發非公有經濟活力和創造力
- 建立城鄉統一建設用地市場
- 加快轉變政府職能——建設法治政府和服務型政府
- 深化財稅體制改革——穩定稅負、事權和支出責任相適應
- 健全城鄉發展一體化體制機制——賦予農民更多財產權利
- 構建開放型經濟新體制——放寬投資准入，加快自貿區建設
- 加強社會主義民主政治制度建設——推動人民代表大會制度與時俱進
- 推進法治中國建設——深化司法體制改革
- 強化權力運行制約和監督體系
- 推進文化體制機制創新
- 推進社會事業改革創新——教育、就業、社保、收入、醫療改革
- 創新社會治理體制——設立國家安全委員會
- 加快生態文明制度建設
- 深化國防和軍隊改革——深化軍隊體制編制調整改革
- 加強和改善黨對全面深化改革的領導——中央成立全面深化改革領導小組

設立兩大機構
中央全面深化改革領導小組
負責改革總體設計、統籌協調、整體推進、督促落實
國家安全委員會
完善國家安全體制和國家安全戰略，確保國家安全

責任主編／白德華 編輯／林芳瑜
資料來源：新華網

中國時報二〇一三、十一、十三 A4版

民，現在以法律規定，不久前有《反分裂法》，今有《國安法》，約同時間，大陸公安部宣布取消台胞證加簽，國務院批准設置福建自由貿易區，營造兩岸經濟一體結構，顯示習近平已經從法制化推動兩岸統一時間表。

台灣問題的存在「始終是中國的國家安全巨大威脅，除了分裂對內部的傷害，阻礙中國的海洋戰略發展，乃至成為中美日衝突的因素，就當前中國崛起進行「全球治理」，欲實「中國夢」，都是一個必須克服的「障礙」。因此，習近平領導階層決定積極發展綜合國力，將統一台灣行動法制化，落實「兩岸一體化」，直接質變台灣的政經基礎和社會群眾意識，這是一個高招，「溫水煮青蛙」，不出二十年所有的「青蛙」，全變成「死忠親中」者，不信往後看。

許多徵候顯示，民進黨的「空心菜」可能在二〇一六年成為台灣的新領導，北京（習近平團隊）認為國民黨不再有助於統一。（注三七）（筆者注：這是很嚴重的指控，等於說馬英九領導下的國民黨如同「廢物」，國民黨無助於統一，便沒有存在的意義了，而弦外之音是否說民進黨才有助於統一？均詳見後篇解說。）

回歸當前兩岸現實狀態與國際情勢〈美中最重〉，兩岸綜合實力差距太大，二〇一四年大陸 GDP 已是台灣的二十倍，國防預算是台灣的十五倍，尤其中國軍力快速增強，早在二〇一一年三月，倫敦國際戰略研究所（IISS）發表〈二〇一一年全球軍事平衡報告〉，指出中國軍事實力在十五到二十年內可與美國勢均力敵。（注三八）評估國內外戰略態勢，習近平領導團隊和他的智庫，認為兩岸對等分治已難維持，在「中國夢」、「和平發展」的大戰略架構下，把統一問題當成國家安全戰略目標，分四個階段完成。

第一階段：從二〇一三年至二〇一七年的五年間，先建置國家安全委員會統籌指揮體系，頒布《國安法》，並部署十五方面相關國家安全改革，為國家安全戰略目標創造有利內外安全環境，同時為「十二五」與「十三五」規畫順利實施，提供可靠的保障。

從這個開始可預見未來，日後對台各項事務可能出現各種法律規模，以合習近平「以法治國」的主軸，當對台各項政經文教等都融入大陸各部門法律體系，便是兩岸法律相互適用和接軌。

第二階段：中共建黨一百年，即二〇二〇年前夕，維護即訂的大戰略、國家戰略順利推展，推進國家治理能力和制度持續現代化，為實現全面小康社會創造有利環境；這種局面，能使「和平發展」和「中國夢」在穩定中步步前進；在這基礎上，自然有利於成為周邊和國際安全環境的製造者。

大陸《反分裂法》、《國安法》的通過，使得台灣（中華民國）的空間和彈性越來越小，已是不可逆的情勢。從亞投行、一帶一路、東海南海問題，乃至卡式台胞證等議題，大陸已不顧台灣怎麼做！而是自己應該怎麼做！都證明大陸的自信和實力，在二〇二〇年前（剩幾年）台灣可能連「發言權、對話機會」都沒有了！

二〇一三年六月十三日，習近平接見國民黨榮譽主席吳伯雄時說：「我們追求的統一，不僅是形式上的統一，更重要的是兩岸同胞的心靈契合，我們有耐心等待。」我認為經由「全面、深化的政治操作」可以做到，台灣在戒嚴時期的「仇中」、現在獨派的「反中」，不就是「智慧型、謀略型的政治操作」所形成。「冷水煮青蛙」，百分之九十九的人必然被「質變」，以目前習近平的「超大戰略」政策執行下去，在第三階段的前期，台灣的政經軍心基礎必然被「質變」，那就是統一的契機成熟了！

第三階段：在建黨百年和建國百年間的三十年（二〇二一—二〇四九年），本階段前期重點是持續兩岸「法制化結合經濟一體化」，即然政治、經濟都達到「一體化」境界，已是實質上的統一，當然在這個階段，內部持續促進穩定發展環境，對外增加國際安全正面貢獻，保持內外安全良性互動，以適當方式落實國家統一和領土完整。

從國家安全戰略的規畫進程，兩岸統一問題是在二〇二一年到二〇四九年間的第三階段，看二〇二一年很近，看二〇四九年很遠。國家整合（Integration）過程本來就困難又費時，如俄羅斯之車臣、英國之北愛、加拿大之魁北克、義大利之帕丹尼亞，以及中東諸國的庫德族等，都各有不同歷史文化背景，卻同樣造成國家認同、整合的難題，香港人當了一百多年「英國人」（非正式英國人），突然一夜之間變回中國人，我看現在仍在「適應」。「台灣問題」更複雜、難纏，統一過程達二、三十年，「青蛙」慢慢的「煮」，水到渠自然成是最佳統一方式。

第四階段：建黨和建國第二個一百年（二〇五〇年時），實現中等發達國家的戰略目標，成為周邊安全新秩序的主要建構者，以及國際安全新秩序的關鍵角色。（注三九）自從百餘年前孫中山先生說「廿一世紀是中國人的世紀」，現在大家都相信了，因為這本是物理定律，也是自然法則，習近平的領導團隊和他的智庫，已看到二〇五〇年的世界格局，從全球治理的大戰略、國家戰略指導，繪出廿一世紀的「中國夢」，把台灣問題框在中國民族主義內，視為國家安全戰略的目標之一，設置統一時程表，這個啟動「鍵」早已按下去，成不可逆之勢，一程一程、一步一步往前走。

結語

由於中國在國際上已具有舉足輕重的地位，已對世界秩序抱有「改革」的企圖，提出「和平發展」、「人類命運共同體」思維，也是源自中國禮運大同篇所規劃的世界大同遠景，這是「中國式國際關係」，是自古以來的「中國夢」。但是，「我想要怎樣做？」內環境主觀條件和外環境客觀條件是連動的，內環境是綜合國力，外環境是西方國際社會。

所謂「西方的沒落」，已被東西思想家議論了近百年，還說解救的靈藥是東方中國的儒家思想，到底西方文明文化怎麼了？這要從深層次去看西方文明崛起的三大支柱：（一）市場經濟，（二）民主政治，（三）基督教文化〈白色種族〉。三大支柱，各自呈現危機。

資本主義的市場經濟造成的「M型社會」，世界各國都處於無解狀態，資本主義創造更多「髒錢」，使貧富兩極化，社會更不安。

民主政治使政府失能、社會失控，金錢控制政治，財團操控選舉和民代，政黨政治使國家和社會分裂，選舉使人性、家庭瓦解，媒體失去正義，社會人人自危。

基督教信仰的白人優越感，對異文化、異種族，缺乏同理心和包容心，從十字軍東征以來這近一千年，地球上多數戰爭是基督教信仰所造成，九一一事件到現在恐怖主義盛成，美國霸權是最大的元兇，新聞報導亦指稱IS（伊斯蘭國）和歐洲難民是美國製造出來的，確實就是老美造成的災難。

今天的世界，已被以基督教文化和資本主義為核心思想的民主政治社會，由美國霸權打開「潘朵拉的盒子」，美國自恃軍力強大，到處興兵動武，滅了伊拉克和利比亞，再繼續企圖消滅敘利亞，終於創造了「伊斯蘭國」，前英國首相布萊爾在多年後，數次公開承認並道歉，他們錯了，打開了「潘朵拉的盒子」。（注四〇）造成今天全球到處恐怖主義盛行，數百萬難民無家可歸，一步錯步步錯，也可能引爆更大的戰爭。

廿一世紀會是中國人的世紀，中華民族的復興已可預見，成為一個世界級的強國，所以，中國人現在敢做「中國夢」，有信心構建「亞太夢」，想要對世界做出貢獻而提出「和平發展」的「人類命運共同體」。我身為一個「住在台灣省的中國人」，身為炎黃子孫，我予有榮焉，中國人「真的站起來了」！

但是，統一的過程中，實現「中國夢」這一路上要面對前述打開「潘朵拉盒子」的兇險世界，將會有很多挑戰，首發兇險來自仍以老大自居的美國，最近歐巴馬政府又要對台軍售，大陸國防部新聞發言人吳謙表示，台灣問題事關中國主權和領土完整，涉及中國核心利益，堅決反對任何軍售台灣。（注四一）可以這麼說，中國綜合國力的提升，追根到底和解決台灣問題是有直接相關的，例如大力增強「反介入能力」（專打航母）為第一島鏈，說到底也為根本解決台灣問題。（注四二）「美國問題」是中國統一過程最大的障礙，預判未來二十年內仍有許多兇險。

我相信中國人現在開始有能力解決自己的問題，以中國的國力資源是實現「中國夢」的本錢，中國有三千年戰爭經驗和智慧，可以化解那些兇險；用儒家的「和平發展」觀，重新再把「潘朵拉盒子」關起來，給人類一個「世界大同」社會。

注釋：

注　一：《人民網》，〈人民日報鐘聲：堅定和平發展　歷史啟迪理智〉，二〇一四年三月三十日。

注　二：陳一新，〈習崇毛抑鄧大戰略的挑戰〉，《國是評論》第 **261** 期（二〇一五年四月一日出刊），頁二六—二七。

注　三：戴定國，〈歐洲難民的元兇　箭頭指向美國〉，《人間福報》，二〇一五年九月十三日，**A5** 版。

注　四：陳福成，《國家安全與戰略關係》（台北：時英出版社，二〇〇〇年三月），頁二八八。

注　五：鄧小平，〈目前的形勢的任務〉，《鄧小平文選》（北京：人民出版社，一九八三年），頁二〇四。

注　六：〈中國共產黨第十八次全國代表大會：胡錦濤的報告〉，《新華網》，二〇一二年十一月十七日。

注　七：見一九七八年三月八日，人民日報。

注　八：胡錦濤，習近平在中央軍委擴大會議講話，見「新華網」，二〇一二年十一月十七日。

注　九：羅天人，〈中共在全球化「和平發展」思維的國防戰略〉，《中華戰略學刊》，民國一〇三年冬季刊，頁二二七—二五三。

注一〇：同注九，頁二三六。

注一一：同注六。

注一二：同注四，頁七〇—七一。關於金馬小三通和引進陸水，各方論戰，詳見民國八十五年七月九日，國內各報章報導。

注一三：**YST**，《**2020**中國與美國終須一戰》（台北：如果出版公司，二〇一四年七月），第七章。

注一四：人間福報，二〇一一年四月二十七日，第四版。

注一五：陳玉剛，〈中國的大國關係與大國戰略〉，本文「中國夢」論說，主要參考：羅天人、李明正，〈從「中國夢」的思維論中共的大國戰略〉，《中華戰略學刊》，民國一〇四年春季刊，頁四六—七五。

注一六：習近平在人大演說，〈談強軍中國夢〉，二〇一三年三月十八日。

注一七：見注四書，第一章第四節「國際安全」。

注一八：蔡逸儒，〈健康的台灣情與中國夢〉，《國是評論》第256期〈二〇一四年十一月一日〉，頁二十—二十一。

注一九：同注一五，頁五五—五六。

注二〇：熊玠，〈中國新「大國外交戰略」與習歐莊園會談〉，《海峽評論》第271期〈二〇一三年七月〉，頁一二。

注二一：白德華，〈中國放眼全球治理〉，中國時報，二〇一五年十月十三日。

注二二：〈中國崛起與一帶一路〉，《海峽評論》，第288期，二〇一四年十二月號。

注二三：〈溫家寶在哈佛大學演講〉，二〇〇三年十二月十二日，國內外各報紙。

注二四：胡錦濤，〈中國的發展，亞洲的機遇：在博鰲亞洲論壇二〇〇四年年會開幕式上的演講〉，《人民日報》（北京：二〇〇四年四月廿五日）。

注二五：〈中國的和平發展白皮書〉，二〇〇五年十二月二十二日及次日，兩岸各報紙。

注二六：人間福報，二〇一五年十一月十七日。

注二七：同注一五，頁六三。

注二八：人間福報，二〇一五年十月七日。

注二九：中國時報，二〇一一年三月十五日。

注三〇：陳福成，《找尋理想國：中國式民主政治研究要綱》（台北：文史哲出版社，二〇一一年二月）。

注三一：劉性仁，〈大陸「四個全面」與對台「三不會」和「四個繼續」之探討〉，《國是評論》第 262 期（二〇一五年五月一日），頁一〇—一二。

注三二：邱立本，〈台灣產業鏈的顏色錯亂〉，「人間福報」，二〇一五年十一月廿三日，第四版。

注三三：人間福報，二〇一五年十一月廿四日，第二版。

注三四：同注三一，頁一一。

注三五：人間福報，二〇一五年九月廿五日。

注三六：中國時報，二〇一三年十一月十三日，A4 版。

注三七：曾復生，〈習近平啟動統一時程表〉，《國是評論》第265期（二〇一五年八月一日），頁一五—一六。

注三八：人間福報，二〇一一年三月十日，第四版。

注三九：同注三七，頁一六。

注四〇：南方朔，〈潘朵拉的盒子已被打開〉，人間福報，二〇一五年十一月廿七日。

注四一：聯合報，二〇一五年十一月廿七日。

注四二：《遠望》雜誌編輯部，〈習歐會的弦外之音—台灣問題—專訪前海基會副秘書長石齊平〉，《遠望》第326期，二〇一五年十一月號，頁五—一〇。

第四章　讓「統一」和「中國夢」根植在「中國式民主政治」沃壤載體中

海內外的中國人，自晚清（該是鴉片戰爭開始）以來，始終有一種悲情乃至自卑，因為貧窮落後弱國而飽受列強欺壓，割地賠款到險些亡種亡族亡國。由此種「反作用力」而凝聚成期待富國強兵意識，希望國家富強，人民生活幸福，在國際上受到尊重。

論民族自信心，從二〇〇八年辦完奧運算是回來了。論「富國強兵」，今日中國不僅直超漢唐，可謂有史以來沒有像現在的繁榮，論軍事戰力，到二〇一五年止，中國的北斗系統、航母、反航母（東風21丁）及第三代戰機等，已讓美國航母不敢靠近三千公里內，今天地球上的列強，除美國外，其他都已經或考慮要向中國靠攏，「亞投行」和「一帶一路」都看得很清楚。

但中國或中國人被尊敬嗎?除了老祖宗的文明文化遺產外，中共建政至今可曾創造什麼文明文化，讓地球上其他族群尊重的「主流文化」，視為人類重要文明資產，這些並不抽象、複雜，舉例如美國的多元開放社會、英國的民主憲政精神、法國的哲學文藝創造力。

換言之，富國強兵，未必是一個國家在國際上受尊敬的必然條件，尤其在國際上有巨大影響力的強國；反之，一個被現代文明世界肯定的國家，必然因為她創造了可資列國學習的「文明典範」。這種人類文明進入廿一世紀，仍被多數認定是主流的價值，如人權、民主和開放社會，中國要成為現代化強國，成為有能力領導世界、改善目前世界的問題，必須在這幾方面有「新文明典範」，對人類文明文化有新的貢獻。

然而，所謂的「人權」、「民主政治」和「開放社會」本質上是西方（美式為主）的，西方不是正在沒落嗎?西方那套東西連西方人都認為不適於廿一世紀，中國怎能照搬來用?中國有自己數千年優秀文化，總結中國人近百年追求民主的經驗及兩岸實證結果，中國國務院於二〇〇五年首次公布「中國式民主政治白皮書」，向全球宣告地球上另一種中國民主政治的典範。在中國崛起完成「中國夢」，實現兩岸統一的過程中，漫長的「和平發展」路途，也要形成「人類命運共同體」，挽救西方文化給全球帶來的災難，中國式民主政治是沃壤載體，將是廿一世紀人類文明文化的新典範。

壹、中國式民主政治的提出與內涵

中國式民主政治的提出，可以有千百個複雜的背景因素，書之不盡，但可簡化成主客兩種環境因素，主觀者當然有中國自己幾千年歷史文化，從清末以來的「西化試煉」，一百多年的實證檢驗，中國人還是覺得「自己的東西」才是最好的。

客觀環境當然指西方民主政治，就半個多世紀在台灣推行的民主政治，被認為是失敗的（後篇論說），就整個西方世界所搞的民主政治（含資本主義市場），也都認為在困境中，已走到盡頭，需要找尋替代制度，才能挽救西方文化文明的衰落；而挽救的「神藥」就在東方，在孔子手上，這是一個很奇妙、很深厚的命題，唯智者（思想家）或腦袋很清醒的人知之，絕大多數眾生在浮沉中無知地度日。

為何西方文明文化會衰落？為何民主政治已不適用於廿一世紀的人類社會？也是說之不盡，亦可簡化成「三大基礎工程」的問題：先是自由放任主義（**Laissez faire**），源自英國亞當斯密（**Adam Smith, 1723-1790**）的《原富》（或譯《國富論》）（**The Wealth of**

Nation, 1776），此書倡市場自由經濟和利已主義，後成西方資本主義社會的聖經。

其次是進化論學派，源自英國生物學家達爾文（Charles R. Darwin, 1809-1882）的《原種》（The origin of species），我國清末譯《天演論》，今習稱《進化論》，此書倡「優勝劣敗仍天演公理」，優強生存，劣弱敗亡，可使社會進步，在人類以外物種確實如是，最後是英國法學家邊沁（Jeremy Bentham, 1748-1832）和彌勒（James Mill,1773-1834）等，所倡導的功利主義（Utilitarianism），以上三大思想系統，構建成西方民主政治社會一切制度，所謂民主，人權、自由，全部根源於此三大基礎工程的支撐，若「抽掉」其中一支柱，西方社會即瞬間全面崩解。

廿一世紀的中國人，經過一百多年的「苦難實驗」，到底要取西方人要丟而丟不掉的「破鞋」穿，還是「自主研發」適用的品牌？即可自己用，又能救人救世，二〇〇五年十月十九日，中國國務院終於公布〈中國式民主政治白皮書〉，向全世界宣告，地球上除西方民主政治、伊斯蘭民主政治，「中國式民主政治」制度誕生了，未來可能成為全球主流價值文化，而當前這種制度將遵循下列原則：

一、堅持中國共產黨領導、人民當家作主和依法治國的有機統一；

二、發揮社會主義制度的特點；

三、有利於社會穩定、經濟發展和提高人民生活水準；

四、有利於維護國家主權、領土完整和尊嚴；

五、漸進有序。（注一）

白皮書也強調不能照搬西方民主政治制度來用，這是當然，否則就不叫「中國式」，不能「照搬」是全般套用（西化），只能選擇性取用，如法治政治、責任政治，都是國家治理的重要價值，余年輕時讀政治研究所「三研組」，曾一度認為「三民主義五權憲法」是「中國式民主政治」。往後二十多年，余不斷研究、觀察、比較這個命題，發現三民主義很多不僅行不通，而且不適合中國人用。當然這和民主政治一樣，也是有好有壞，關鍵在於能否適用於全中國？「中國式民主政治」為何可以適用於全中國？當然是因為中華文化的內涵。

中華文化在清末乃至民初，以及到了大陸文革時，被自己的「親人」當成「破鞋」，欲清除之而後快，那時的中國人喪失民族自信心，民族主義隨之亦亡，人人「忘了我是誰？」。幸好，中國人又找回了自己，肯定了自己的文化，認清了人家有人家的文化，自己有自己比任何西方文化更優秀的文化，思想家牟宗三在《中國哲學的特質》第一講說：

> 中國哲學特重「主體性」（Subjectivity）與「內在道德性」（Inner-morality），中國思想的三大主流，即儒釋道三教，都重主體性，然而只有儒家思想這主流中的主流，把主體性復加以特殊的規定，而成為「內在道德性」，即成為道德的主體性，西方哲學剛剛相反，不重主體性，而重客體性。（注二）

哲學是一個民族的文化經千百年精煉而成，是文化中的核心思想，東西方文化、哲學之思維，竟是如此的相反、相背，難怪洋人搞了四百年仍不懂中國！西方或美式那套怎能照搬來中國用？「民主政治」也一度成為強權要消滅「異族、異種、異國」的「化粧品」，美國滅了伊拉克、阿富汗和敘利亞等不少國家，都以對方「不民主」為名，許多頭腦不清醒的白痴（如法輪功、親美派等），每天隨美國的宣傳起舞，只能說這些人「不知道自己是誰？忘了祖宗八代」。

中國式民主政治內涵為何？或許要更多長篇大論才說得清楚，但暫且簡舉一實例，在世界各大國的「總理」級人物，只有中國的前總理溫家寶被封為「人民總理」，這並非中國官方所封，而是西方媒體（台灣也有）封的。（注三）溫總理，得到海內外含台灣在內所有中國人的肯定、敬重。我要說的，是從溫總理身上，我看到中國傳統的仁政和民本思想的體現，這正是中國式民主政治所要的內涵，而不是西方民主政治那套鬥爭、鬥爭、抹黑、抹黑！那套東西拿來中國用會是災難（台灣正是）！

溫家寶二〇〇三年接任總理時說，「在我當選後，心裡總默念著林則徐的兩句詩，『苟利國家生死以，豈因禍福避趨之』，這就是我今後工作的態度。」（注四）證於他任內表現，尤其二〇〇八年四川大地震時，他的表現更是感動了全世界的人。事實上，中國領導人從鄧小平、江澤民、朱鎔基、胡錦濤、溫家寶到現在的習近平，都有「仁君」的形象，有崇高的人格，廣受人民尊敬，絕不可能像西方那些大國元首，支持度大多「不及格」，甚至貪污等更不能聞目的醜事。

中國人自古以來，期待國家領導人必須是「仁民愛物」，必須是個「仁君」，才能凝聚眾多民族形成共同的國家意識。這種「仁君」絕不可能從西方民主政治制度產出，西式民主只能產出政客，專搞私刊、貪污、鬥爭和性遊戲。

在中國社會，除了期待統治者必須是個「仁」者，做生意的商人或保國衛民的軍人，也期待他們做「儒商」和「儒將」，也要具備「仁義」本質，中國歷史上有名的商人，如晉商、徽商、溫商等，都因儒者之風而傳世，這是中華文化體現的特質，是「中國式」的，西方那套霸權思想、資本主義、政治鬥爭術，怎能拿來中國用？

貳、中國式民主政治的憲政架構和優勢

當前的中國國家憲政制度，正是許多專著提到的「1+2+6 體系」（如表）。「六大領導班子」如表所示，也有把黨委、人大、國務院、政協和紀委，稱「五套領導班子」，均略說於後。

一、國家主席

對內外等同各國的國家元首，國家主席與全國人大常委會共同行使通常由國家元首行使的職權，國家主席的責與權，都和全國人大及常委會聯結一起，不直接處理國家

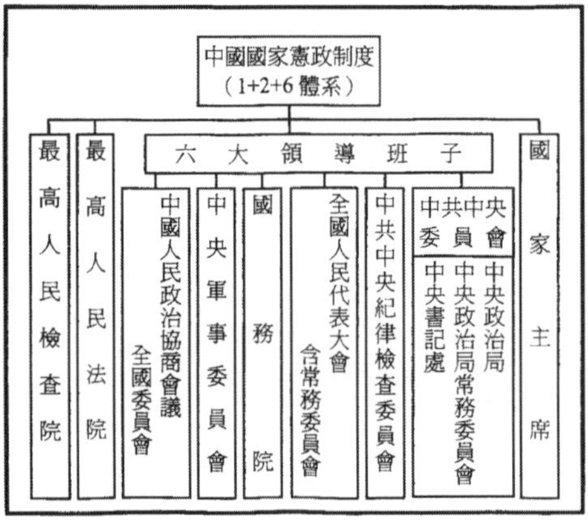

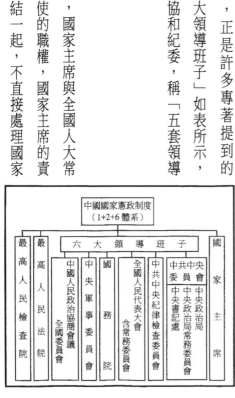

行政事務，亦不單獨決定國家事務，學界稱為「集體國家元首」制。（注五）

二、中共中央委員會

在全代會閉會期間，執行全代會的決議，領導黨的全部工作，對內外都代表中國共產黨，成員約兩百人，都是各級領導人，但黨的重大工作的決策，仍由中央政治局及其常委會、中央書記處進行處理，此三機構和中央委員會總書記，都由中央委員會選舉產生。

三、中共中央紀律檢查委員會

在黨的中央委員會領導下工作，中紀委設書記一人，副書記若干，中紀委主要任務是：維護黨章及其他規章制度，協助黨中央整頓黨風，檢查黨的路線、方針、政策和決議執行情形。

四、全國人民代表大會

是國家最高權力機關暨立法機關，約同西方國家的議會，亦屬對應機構，並已加入國際議會聯盟，全代會有全國代表三千多人，設委員長一人，副委員長若干。

經歷史演變及功能強化，全代會形成「一院兩層」（大會和常委會）的立法模式，這是新型態代議機關，國家最高層民選機構，對全國各族人民負責。

五、國務院

是中央人民政府，是全代會和常委會的執行機關，是中國的最高國家行政機關。

國務院設總理、副總理等，有國防部等二十餘部門組成，性質類似西方國家的內閣，國務院做為最高國家權力機關的執行機關，它的任務是保證全國人大及其委會制定的憲法、法律和決議在全國範內實施，領導國家一切行政活動，保證國家法令、政令的統一，總理並對全國人大負責，有一點內閣制味道，學界稱「總理負責制」。（注六）

習近平：多黨制在中國行不通

人间福報，二〇一四.四.三

【本報綜合外電報導】中國國家主席習近平一行結束歐洲之行，周三早上返回北京，他離開比利時前發表重要演說，強調中國獨特的文化傳統、獨特的歷史命運、獨特的國情，注定了中國必然走適合自己特點的發展道路。

訪問歐洲行程最後一日，習近平夫婦由比利時國王菲利普夫婦陪同，在比利時布魯日歐洲學院發表演說，他希望中歐增進了解、加強合作。

習近平表示，相信中國不斷改革會為世界帶來機遇，但中國不能夠全盤照搬別國的政治制度和發展模式，否則只會水土不服，甚至帶來災難性的後果。

他說：「中國人苦苦尋找適合中國國情的道路，君主立憲制、復辟帝制、議會制、多黨制、總統制都想過了、試過了，結果都行不通。最後，中國選擇了社會主義道路。」

習近平又提到，中國人民對被侵略、被奴役的歷史記憶猶新，中國社會經歷動盪不已，人民極度貧困，「窮則思變，亂則思定」下，人民都希望和平、反對戰爭，所以中國始終奉行獨立自主的和平外交政策，堅持不干涉別國內政，也不允許別人干涉中國內政。

習近平亦指出，希望歐洲之行可以在歐亞建設友誼合作之橋，加強中歐的經貿關係。比利時是習近平歐洲之行最後一站，他之前訪問了荷蘭、法國和德國。

今次歐洲之行，習近平在四場演講中，用歐洲人熟悉的典故詮釋理念，給歐洲留下深刻印象，有外媒稱之為「一場對歐洲人民成功的公關活動」。

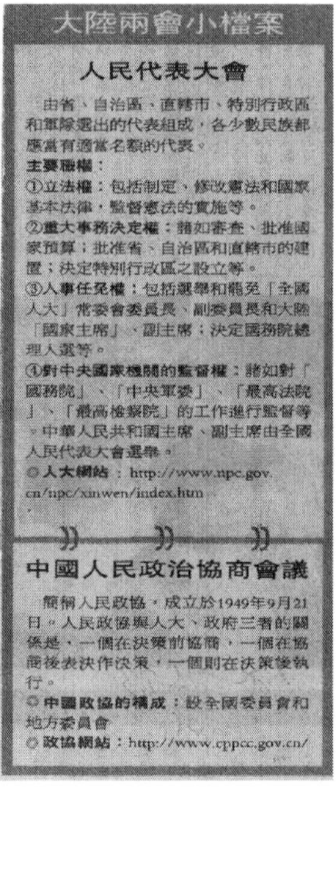

大陸兩會小檔案

人民代表大會

由省、自治區、直轄市、特別行政區和軍隊選出的代表組成，各少數民族都應當有適當名額的代表。

主要職權：

①**立法權**：包括制定、修改憲法和國家基本法律，監督憲法的實施等。

②**重大事務決定權**：諸如審查、批准國家預算；批准省、自治區和直轄市的建置；決定特別行政區之設立等。

③**人事任免權**：包括選舉和罷免「全國人大」常委會委員長、副委員長和大陸「國家主席」、副主席；決定國務院總理人選等。

④**對中央國家機關的監督權**：諸如對「國務院」、「中央軍委」、「最高法院」、「最高檢察院」的工作進行監督等。中華人民共和國主席、副主席由全國人民代表大會選舉。

◎**人大網站**：http://www.npc.gov.cn/npc/xinwen/index.htm

中國人民政治協商會議

簡稱人民政協，成立於1949年9月21日。人民政協與人大、政府三者的關係是，一個在決策前協商，一個在協商後表決作決策，一個則在決策後執行。

◎**中國政協的構成**：設全國委員會和地方委員會

◎**政協網站**：http://www.cppcc.gov.cn/

六、中央軍事委員會

是「一個班子、兩塊牌子」，中國共產黨中央軍事委員會，同時是中華人民共和國中央軍事委員會，中央軍委由主席、副主席、組員組成，是黨和國家的軍事指揮機關，軍委主席對黨中央和全國人大及常委會負責。

中央軍委處於國家行政機關之外，國家主席、國務院和國防部都不統率或指揮武裝部隊，國務院下的國防部，主要職能是武裝部隊的後勤，中央軍委下有「四總」，主要任務是保障作戰和建軍的戰略決策，及各項方針、政策的實現。

七、中國人民政治協商會議全國委員會（簡稱「政協」）

由共產黨領導，各政黨、人民團體、社會各方代表所組成，是國家政治協商的重要機關，政協列「六大領導班子」，乃是它等同「開國、建國」組織，於一九四九年第一屆會議開始。

政協行委員制，設主席，其任務涵蓋政治協商和民主監督兩方面，值得注意的是，近年政協的外事活動中，與他國的上院或參議院相對口，再者政協在全國有三十五萬人之多，無疑的在人民群眾中增加了代表性。

中、美、英、韓政府組成部門比較示意

中國（27）	美國（15）	英國（17）	韓國（18+4）
外交部	國務院	外交和英聯邦事務部	外交通商部
國防部	國防部	國防部	國防部
財政部	財政部	財政部	財政經濟部
農業部、水利部	農業部	農業部	農林部
環境保護部		環境和農業部	環境部
人力資源和社會保障部	勞工部	就業和社會保險部	中央人事委員會 勞動部
國土資源部	能源部		
商務部	商務部	貿工部	
教育部	教育部	教育和科學部	教育人力資源部
科學技術部			科學技術部
住房和城鄉建設部	住房與城市開發部		建設交通部
交通運輸部、鐵道部	交通部	交通部	
工業和信息化部			情報通信部
公安部	內政部	內務部	
司法部	司法部	樞密院 （法務部）	法務部
衛生部	衛生與公共服務部	衛生部	保健福利部
文化部		文體部	文化觀光部
民政部			行政自治部
國家安全部			國家情報院
監察部			監察院
國家發展和改革委員會 國家民族事務委員會 國家人口和計畫生育委員會 中國人民銀行 審計署	退伍軍人事務所 國土安全部	海外發展部 威爾士事務部 北愛爾蘭事務部 蘇格蘭事務部	中小企業特別委員會 統一部 婦女部 海洋水產部

註：1.平行排列的部委為擁有對應職責的機構，但是這種對應是大略的。
2.上述資料分別來自不同的文獻或政府網站。在不同的版本中，中文譯名也不盡一致，僅供參考。
3.韓國的政府組成部門中的「18+4」，是指包括十八個部和由總統直轄的「兩委」和「兩院」。

中國式民主政治的監督體系

三個系統	九個主體	相應的十二種功能
法律監督	1. 各級人大及常委會。 2. 各級檢察院。	1. 憲法監督。 2. 各級人大法律和工作監督。 3. 人大預算監督。 4. 各級檢察院檢察監督。
政治和政府監督	3. 各級人大與常委會。 4. 黨的各級組織。 5. 各級政協及常委會。 6. 國務院。 7. 各級政府的監察審計。	5. 人大工作監督。 6. 黨系統的監督。 7. 政協監督。 8. 行政監督。 9. 政府審計監督。
社會監督	8. 公民。 9. 各種人民團體。	10. 普遍性社會監督。 11. 社會群體監督。 12. 社會與論監督。

八、最高人民法院

中國的中央司法系統由最高人民法院和最高人民檢查院組成，其院長都由全國人大選舉產生，並對全國人大負責，廣義司法含公安、國安、司法行政等機關。

最高人民法院是國家最高審判機關，主要職能是審理全國性重大民刑事件，其體系有中央、省、地區、縣級，另軍隊、鐵路有專門法院，在廣州、上海、武漢、青島、天津、大連，有六個海事法院。

九、最高人民檢查院

是國家的法律監督機關，組織同人民法院四級，其主要職責：對全國性重大刑事案件，向最高人民法院提起公訴；對各人民法院的判決和裁定，有權提出抗訴，與西方三權平行相較，中國的立法權高於司法權。

目前中國正在轉型成一個現代化社會，現代社會是一個資訊民意膨脹的社會，中國亦然，訊息的傳輸，從「投入」、「產出」到「反饋」，已從傳統的「單通道資訊傳輸體制」，進入「五位一體」（黨政系統、資訊庫、新聞媒介、民間資訊機構、網路），以及非黨政資訊機構已出現。（注七）在中國共產黨領導下，中國已然崛起，「中國夢」和兩岸統一，在大戰略、國家戰略構想中，正一步步在實現。

西方國家每謂中國沒有在野黨制衡，欠缺監督機制，從西方政黨政治論，確可言之有理，但「中國式民主政治」另有監督機制如附表。（注八）即「三個系統」、「九個主體」和「相應十二種功能」，何況前述「五位一體」也是監督，現代社會的「全民監督」機制更強。

中國式民主政治的憲政制度有何優勢?這是根植於中華文化的「本土化」制度，對中華民族當然有先天的優勢，尤其適用於中國崛起的過程，國家整合尚未完成，國家統一處於「現在進行式」並面對分裂主義等各種兇險，在一本研究中國崛起的著作正在世界各地走紅，**Martin Jacques** 研究崛起的中國八大特徵，將影響未來的世界。（注九）

㈠中國並非真正的民族國家，而是一個文明國家。

㈡中國越來越可能根據朝貢國體系而非民族國家體系，來認知中國與東亞的關係。

㈢中國對民族和種族有不同之處。

㈣相對其他民族國家，中國運行在一張與亞洲大小且相當不同的畫布上。

㈤中國政體的本質具有高度的特殊性，政府能力可能優於世界任何其他政府。

㈥中國的現代性如同其他東亞的現代性，可由國家轉型的速度來做區分。

㈦共黨統治以來，已經成功讓中國重新與自身歷史、儒家主義和帝國的強盛時期相連結。

㈧在未來的數十年，中國仍將同時具有開發中和已開發的特徵。

以上八點是對崛起的中國道出一些實況，雖未直接說出中國式民主政治的優勢，確已說出中國的現代化不同於西方，中共治理下「政府能力可能優於世界任何其他政府」，這也等於指出中國式民主政治的優越，在廿一世紀「可能」優於世界任何種類的民主制度，在我看來，這不是「可能」，而是已經實證、檢驗，肯定就是，「共黨統治以來，已經成功讓中國重新與自身歷史、儒家主義和帝國的強盛時期相連結」，這表示中國共產黨已非「馬恩史列毛」，已質變成「中國式」，屬於中國文化的，中國式民主政治也是適合中國人穿的「好鞋」。

該書也指出，中國興起重新塑造「現代」意涵與模式，世人不要期待中國會向西方模式靠攏；中國文化的優越性正在恢復，中國文化的力量將再度成為帶動世界秩序重組，中國人合理的秩序（含國際秩序）是和而不同、尊卑有序、濟弱扶傾，反對「大欺小、強吃弱」，大事小以仁，小事大以智。本質上，中國文化所主張的社會秩序和政治管理，是「仁本、民本」的世界體系，顯然，那洋人「中國通」等於肯定了「中國式民主政治」模式，並預測這模式將成為廿一世紀後人類的新文明，未來世界可以取代西方民主政治者，就是「中國式民主政治」。而各國各民族吸取「中國式民主政治」的該心價值後，再融合自己的歷史文化元素，加上一些調整，將會產生適合本國的政治制度。出身西安交大，現任長江商學院創院院長項兵博士，於二〇一四年來台參加「第十二屆華人企業領袖遠見高峰會」，在他的專文報告說：「未來世界將被中國化」。（注一〇）這更證明我對「中國式民主政治」的研究看法，深感當一個中國人的榮耀和可貴。

大約在近百年前，弘一大師在他一篇〈幸為中國人〉的文章說：「人生在世，有三大難得，一是中國難得，二是佛法難聞，三是良師難過」，弘一大師詮釋說，「中國是世界上人口眾多，地大物博，風景秀麗，歷史悠久的文明大國，能做一中國人是何等幸福。」（注一一）弘一大師所處是中國最衰弱的時代，中國人連狗都不如，而是列強的魚肉，大師尚有如是「高見」，實是智者聖者之「佛眼」之見。

本書各章節在研究中華文化復興，同時也思考西方文化、美式價值的衰落，當代重要思想家，英國倫敦政經學院國際事務、外交與重大策略研究中心（LSE IDEAS）資深客座研究員馬丁賈克（Martin Jacques）；英國史學家霍布斯邦（Eric Hobsbawm）；美國史丹佛大學國際關係學者克理斯納（Stephen Krasner）等人，深層反思西方文化（尤其美式價值建構的世界體系），問題在十八世紀以來到十九、廿世紀間，所建構的民族國家，是「用組織堆砌的虛偽」（Organized hypocrisy），虛偽的平等掩飾了強凌弱的真實，讓強者追求自我利益極大化的合理化。（注一二）經合理化成國際主流價值，強國侵略弱國視為合法、合理，強者可以已所不欲施於人，可以規避應該善待弱小的義務，可以擺脫對維護人類社會共同利益的道德責任。

原來，美國領導的世界體系，以美式價值為主流的西方民主政治，真相竟是一種「病態政治」或政治病態，用組織堆砌的虛偽，如此，也等於「反證」了中國式民主政治才是人類的需要，中國式民主政治有「本於人性」的「先天優勢」，追求的不僅僅是「中國夢」和兩岸的統一，更追求「亞太夢」和「人類命運共同體」，中國強大了，只會做「濟弱扶傾」的慈善事業，不會強凌弱、大欺小，這是吾國歷史文化的優良傳統。

當美國強權式微之際，她和跟班者仍在操弄一個過時的命題「中國威脅論」，相信者愈來愈少，英國已「帶領」歐洲背叛了美國，因為更多有智之士看出「中國式民主政治」的優勢，趨勢大師約翰奈思比在新著《中國大趨勢》指出：（一）長期的策略可以貫徹，不受民主選舉的中斷和干擾。（二）沒有政治對抗，社會人群不被撕裂。（三）舉國目標一致，自上而下的政策，受到自下而上的支持和參與。（注一三）我覺得還有（四）最重要，不會製造國家分裂，不會發生國家認同問題；乃至（五）不會有國家內戰，人民生活永遠和諧幸福，這樣的社會雖還不稱「理想國」，至少不是天天搞選舉鬥爭、抹黑的社會，而是「幸福指數」很高的和諧社會，在「小康」和「大同」間的善政社會。

二〇一〇年十一月十七日，台灣的文化、教育和宗教界人士在台北舉行「社會道德價值觀之因應與重建」研討會，有四位大師對談，許倬雲、劉兆玄、楊朝祥和覺培法師，會議共同聲明，西方文化、基督教和資本主義思想遇到瓶頸，極需中國文化重建新價值觀，尤以基督教和資本主義用「民主政治」之名，欲推向全球，凡有不從者就扣上「不民主」大帽子，入侵滅之，引起無窮文化衝突和經濟侵略。（注一四）廿世紀末到現在，地球上到處恐怖攻擊、戰亂、難民，可以說全是以基督教和資本主義為核心思想的「美式民主政治」，所造成的「惡果」。

中國式民主政治的憲政架構制度設計，之所以能優於西方，甚至重建人類新文明文化新價值觀，從基礎制度可見「真民主」的內涵，以國家主席為例，權力並未集中在他一人身上，而是「集體國家元首制」，如此即不獨裁、不專制，也較不會犯錯，相較於西方，內閣制大權在首相一人，總統制大權集中總統一人，犯錯機會大增。

由此觀之，西方民主政治才是真獨裁、真專制，民主只是假相，最有名的史例，是美國林肯的「七票反對，他一票贊成才算數」，以及小布希發動伊拉克戰爭，都是極少數意見形成一人獨裁，實例舉之不盡，製造了災難，事後都不負責，民主政治不是「責任政治」嗎？

參、加緊建設「中國式民主政治」

中國共產黨本是中國歷史上規模最大的「去中國化」集團，「去中國化」的程度比現在台灣民進黨嚴重千百倍，民進黨的「去中國化」僅製造一個小島的災難，共產黨的「去中國化」製造全中國的災難，災害影響時間不會少於一百五十年，建黨到今後四十年左右，那時的共產黨（毛澤東時代及之前），是「非中國的」，而是「馬恩史列的」，一切屬於中國文化的，都是封建餘毒，必須徹底打倒、消滅，四書五經等必須全部清除，「孔家店」必須打倒，那時的中國是「馬列中國」，不是中國文化的中國，說到當年，真是中國歷史上最大的人禍。

但是，共產黨這個炎黃的不孝子孫兼敗家子，後來「改邪歸正」了，浪子回頭金不換啊！最早啟動「回頭」機制的人，是鄧小平發布「有中國特色的社會主義」。

一九七八年十二月，鄧小平在黨十一屆三中全會取得初步勝利後，提出其路線、方針和政策，翌年三月，他在〈理論工作務實會〉上首次提出要「走出一條中國式的現代化道路」。他說：「現在搞建設也要適合中國情況，走出一條中國式的現代化道路。」（注一五）到一九八二年九月，鄧小平在「十二大」已掌實權，他在致開幕詞時說：「把馬克斯列寧主義的普遍真理同我國具體實踐結合起來，走自己的道路，建設有中國特色的社會主義，這就是我們總結長期歷史經驗得出的基本結論。」（注一六）在此之前，一九八〇年八月十八日，鄧小平發表〈黨和國家領導制度的改革〉，已被稱為「中國政治體制改革的綱領性文件」，中國的政治改革在有序推展中。

鄧小平以後的領導人，大致按照「中國式社會主義」的大致方針，加上小平同志論述的「白貓黑貓論」、「摸著石頭過河」等指導原則，逐步推展政治改革，而以「胡溫」和「習李」兩時期，進入政治改革的「深水區」。

一、胡錦濤、溫家寶時期的中國式民主政治建設

二〇〇五年十月十九日，中國國務院發布〈中國式民主政治白皮書〉是重要的里程碑，二〇一〇年三月，中共十一屆三次人大會議修訂《選舉法》，是中式民主的基礎工程，修正案打破農村和城市每名人大、代表人口四：一比例，落實「人人平等、地區平等、民族平等」，對農民有不凡意義，選舉法的一小步是民主的一大步。（注一七）按

新制可展現中式議會民主，與未來經濟、政治和現代化體制改革有直接關係。

二○○九年胡錦濤在「六十四屆聯大」演說，指出中國將全面推進政治建設，二○一○年九月廿三日，溫家寶在聯大一般辯論，發表〈認識一個真實的中國〉專題，列出中國推動改革的五大方針：（一）繼續集中精力發展經濟，（二）深化體制改革，（三）繼續擴大對外開放，（四）發展教育科技，（五）弘揚中華優秀文化。（注一八）溫家寶同時聲明，涉及主權、領土完整等問題，中國絕不退讓、不妥協。中國不走「國強必霸」的路子，中國好了，世界得利，中國的戰略目標是本世紀中葉實現基本現代化。

全體人大代表與地方各級人大代表選舉法修正案內容摘要

中國时报 2010.3.9.

修正項目	修正案重點內容摘要
城鄉按相同人口比例選舉代表	保障公民都享有平等的選舉權，體現人人平等。保障各地方在國家權力機關有平等的參與權，體現地區平等。保障各民族都有適當數量的代表，體現民族平等。
代表的廣泛性	明文規定各級人大代表應當具有廣泛的代表性，應當有適當數量的基層代表，特別是工人、農民和知識份子代表。
選舉機構	增訂「選舉機構」專章，對選舉委員會的產生、迴避、職責和工作要求等分別作出具體規定。
鄉鎮人大名額上限	因應鄉鎮合併，人口增加，對鄉鎮代表名額上限，將不得超過一百卅名修改為，鄉鎮代表總名額不得超過一百六十名。
候選人提供資料	增訂條文，規定接受推薦的代表候選人應當如實提供身分、簡歷等情況，填報是否取得外國永久居留權、外國國籍等情況。
雙重任職的限制	增訂條文，規定公民不得同時擔任兩個以上無隸屬關係的行政區域的人民代表大會代表。
政黨團體推薦候選人的人數	增訂條文，各政黨、團體聯合或單獨推薦的代表候選人的人數，不得超過本選區或者選舉單位應選代表的名額。
候選人與選民互動關係	選舉委員會根據選民的要求，應當組織代表候選人與選民見面，由代表候選人介紹本人的情況，回答選民的問題。
行使選舉權的保障	規定各級人大選舉，應嚴格依照法定程序進行，任何組織或者個人都不得以任何方式干預選民或者代表自由行使選舉權。
投票選舉程序	選舉委員會應當根據各選區選民分布狀況，設立投票站；因患有疾病等行動不便或交通不便的選民，可在流動票箱投票。

製表：王銘義

二○一○年十月，大陸著名政治學者俞可平，在即將召開的十七屆五中全會中，將討論通過的「十二五」規劃（第十二個五年計畫），指出民主法治的「善政體制」五點涵義：（一）完善法律體系與審查機制，（二）政府主動善盡責任，以服務心態看待人民的要求，（三）讓人民了解政府運作，（四）直接參與管理，以便有效監督，（五）建構良好的監督機制建成零容忍體制。（注一九）俞可平提到「十二五」規劃，進行政改新做法受到矚目，黨和中央都在改變思想，希望讓人民依法實行民主選舉、民主決策、民主管理、民主監督，保障人民的知情權、參與權、表達權和監督權，大陸將持續推動民主法治改革，建構善政、善治的政治體系，在穩定、和諧、有序中實現「中國夢」。

二、習近平、李克強時期的中國式民主政治建設

或許「理想國」是不存在的，世上任何制度難免有優缺，以西方民主政治為例，雖有不少「先天致命病症」，但不可否認的在制衡和監督可以發揮很大功能，而中國式民主政治沒有那些「致命病症」，卻在制衡和監督上出現極難克服的問題，追本溯源就在一黨執政，既然大家都是同黨同志，權力全集中在「自己人」身上，各種貪污腐敗的事都會發生，貪污腐敗使統治者失去合法性（Legitimacy）（注二〇），惡化下去必造成

（中新社）▲十一屆全國人大三次會議第二次全體會議在人民大會堂舉行，人民大會堂[illegible]記者冒雪占領制高點。北京近日下起三月雪，不少航班因此延誤。

社論 「一帶一路」的啓示

2015.4.7 人間福報

日前蕭萬長先生率團赴大陸海南參加博鰲論壇，當面向習近平表達台灣希望加入亞洲基礎設施投資銀行（亞投行）的意願。「亞投行」這名詞因而才廣為台灣民眾熟悉。事實上，中國大陸籌建亞投行，宗旨在資助亞太地區的基礎建設計畫，並促進區域經濟合作。目前，南韓、俄羅斯、巴西等區域內國家及新興經濟體皆已申請成為意向創始成員國，日本則尚未表態。由於中國大陸可能僅為非亞洲國家預留三個席位，多個歐洲國家競相爭取參與，至於美國，則對亞投行持反對態度。

事實上，亞投行的設立，背後還有中國大陸的國際大戰略布局，那就是「一帶一路」的區域合作計畫。習近平提出「一帶一路」，並非一個實體機制，而是一種合作發展的理念倡議，要打造二十一世紀橫跨歐亞的絲綢之路經濟帶，擴大中國大陸在國際經貿體系中的版圖。

面對「一帶一路」將帶起的區域變動大趨勢，台灣首先應省思的是，我們的政治人物缺乏此種放眼未來的遠見。不少國外及大陸學者觀察，發現台灣的許多政策，包含兩岸、經濟、教育，幾乎都很少持續兩年以上。也就是說，台灣的政策變動大。

推其原因，和我們的選舉文化有關。台灣社會的民主水準其實相當有限，討論公共政策，遠不及操作短線議題，煽動輿論鬥爭更能左右選舉。總統一任四年，扣除地方選戰及下一次總統選舉，僅有兩年的時間能有機會推動政策，較少受口水戰的牽絆。加上國家認同及國家定位一直存在極大分歧，往往換一個執政黨，便形同換一個國家，更是我們難有穩定政策的根源。

缺乏長遠的經濟戰略，年輕人因此看不見未來，現下台灣青年成長的環境，既是台灣物質條件最好的年代，也是台灣發展飽和的年代。相對之下，上一代兒時雖比較清苦，青壯年時卻趕上台灣經濟起飛的機遇，可預期的成長就在眼前，所以能放手向前衝。到了這一代，青年看不見未來，這種茫然感比物質的匱乏更難克服。如果理性分析，解決這種困境的方法，應是向外擴展發展空間，而當前的中國大陸正是最大的市場。可惜去年風起雲湧的反服貿抗爭，青年卻把對未來的茫然，轉化成對大陸的抗拒。以服務業來說，台灣相對大陸應有許多優勢，但服務業最需要的就是市場，惟有開放才有機會。台灣青年抗拒大陸市場，最後抗拒的其實是自己的未來。

中國大陸的崛起是大趨勢，中華民族的復興更是本世紀的世界大事，台灣身為中華民族的一分子，卻在這波浪潮中找不到自己的定位，甚至自外於中華民族。

現在大陸「一帶一路」如火如荼地開展，有人開始擔憂，「一帶一路」藍圖未特別納入台灣，將來會更趨邊緣化。中華民族復興的大時代已經開啓，台灣要趕緊決定自己在當中的角色，才是根本之道。

有人總喜歡說：「台灣要從世界走入中國。」但如今的事實是：世界正忙著走進大陸。和大陸關係剪不斷、理還亂的我們，更應正視自己今後何去何從。

大陸亞投行重擊 美國亞太戰略

2015.3.23 人間福報

長期由Fed主導國際貨幣體系的局面 明顯受到挑戰 且骨牌效應 還會持續擴大

這周以來，美國國務院的氣氛低迷。原因無他，美國在亞太的策略上吃了一個戰略層次的敗仗，因為美國的歐洲主要盟邦：英國、德國、法國和義大利紛紛宣布加入由中國大陸所主導的「亞洲基礎設施投資銀行」（AIIB）。

這個敗仗還會繼續擴大，因為南韓、澳洲也都宣布要加入。如此一來，歐洲不算，整個亞太主要國家只剩下美國、日本和加拿大沒有加入。其實就連美國內部也出現了雜音，要求美國也應加入亞投行。

這個潰敗，幾乎是等於美國的亞太再平衡策略受到致命性的衝擊。原本亞太的戰略格局，大致是一個以美國主導的「跨太平洋夥伴協定」（TPP）和中共影響力最大的「區域全面經濟夥伴協定」（RCEP）對峙的局面。

而中共所主導的亞投行持續受到美國的抵制，是因為在美國的眼中，亞投行是一個具有挑戰既有亞洲格局的機構；挑戰的對象正是美日所主導的亞洲開發銀行（ADB）乃至於國際貨幣基金（IMF）。

二次大戰以來，由美國主導國際金融體系的「布雷頓森林體制」發展迄今，所遺留問題極為嚴重，但要改革卻其困難，像是一個出資比例與投票權比例的問題，就根本動不了。

而中共這個亞投行的提出，意外地契合了有於「美元無人壓制」的歐洲已發展國家的願望。英、法、德、義各方雖然加入亞投行，但未必會全力支持中國大陸，可是多了這種北京機制後，至少長期以來由一個主權國家主導國際貨幣體系的局面就會得到明顯挑戰。

美國的聯準會（Fed）來決定貨幣發行，讓全世界被動接受的局面會得以改變。但這其實也是為何美國如此敏銳亞投行的原因之一。

但問題在於，這個亞投行在相當程度上，是和中共近來提出的「一帶一路」發展大戰略緊密相扣的。換言之，首先是由中共把本身的發展和「一帶一路」沿線國家的發展連繫起來，然後由亞投行在某種程度上，給予這些國家發展所需的後勤支援保障。更何況RCEP和亞投行都是由北京所主導，其間產生某種程度連繫，是必然的。

所以，北京的這盤大戰略，在先天上是和美國亞太再平衡有必然的衝突性。而這正令美國更火大的是，竟然是美國的歐洲最老牌盟友英國帶頭點起這把火，導致骨牌效應的產生，從而造成了美國亞太戰略上的潰敗。

但英國的說法也很有意思，因為「英國要成為處理西方與中國關係的領導者」。這不禁讓人想起，英國在十九世紀處理國際事務上，最著名一句老話，「英國沒有永久的朋友，也沒有永久的敵人，只有永久的利益」。

孫揚明（台北市／資深媒體人）

「亡黨」的結果，乃至「亡國」（如滿清或歷代亡朝）結局。

中國的領導階層深知其中嚴重性，在胡溫執政將屆滿時，二〇一一年三月，溫家寶答覆CNN記者問及政改進程時說，當前政治體制改革最大的危險在於腐敗，而消除腐敗的土壤，還在改革制度和體制。（注二一）在一個十三多億人口的大國推進政治體制改革，並非容易的事，需要有穩定的、和諧的社會環境，在黨的領導下漸進有序地進行，才能達成預期發展目標。

習李上台，按國家的大戰略、國家戰略構想進程，中國要到本世紀中葉才能平均達到「基本現代化國家」，這也表示「中國式民主政治」本世紀中葉，才達到「建設成熟期」。換言之，中國式民主政治的各項典章制度，在未來二十年內可以建制完備，在各種法律制度中，以法治最重要，要克服「一黨執政的弱點」，要徹底根絕貪污腐敗，只有「法治」是良藥，也只有法治可使國家社會長治久安。

習近平的政治改革，是與經濟體制改革和發展同時齊進的，且從大國崛起、全球治理、人類命運共同體的宏觀思維出發，充滿大戰略的智慧，從習提出的亞投行和一帶一路規劃（詳見兩張剪報），均可見習近平是歷任領導人最有遠大企圖心的一位，對內部懲治貪污腐敗下了「重手」，遠超以往數十年，他一上任不到兩年，貪污腐敗者幾全落馬（如表所示）。（注二二）可見習近平的「反貪促廉」政策，有大決心、大目標，也是艱巨的大工程，中國官場有些積習千百年的不良文化，不可能短期間能「治」好，「法治社會」也不是短期間可以形成，如何建立法治制度，完備典章制度！是克服欠缺第四權和沒有在野黨制衡的「唯一仙藥」！

二〇一四年四月，習近平歐洲之行，在比利時布魯日歐洲學院發表演說，指出多黨制在中國行不通。（注二三）習強調說，中國獨特的傳統文化、獨特的歷史命運、獨特的國情，注定中國要走適合自己特點的發展道路。中國不能照搬別國的政治制度和發展模式，否則只會水土不服，甚至帶來災難性的後果。習近平總結說：「中國人苦苦尋找適合中國國情的道路，君主立憲制、復辟帝制、議會制、多黨制、總統制都想過了、試過了，結果都行不通，最後，中國選擇了社會主義道路。」（注二四）習李上台才不過兩多，未來改革之路仍漫長，更大的艱困和挑戰必然多得是！

二〇一四年十月，習近平

中共「十八大」後遭撤職副部級以上官員一覽表
（2012年11月---）

人名	前職/原職	撤職/懲處時間
李春城	四川省原省委副書記（中共「十八大」候補委員）	2012/12/06
衣俊卿	中央編譯局局長	2013/01/17
周鎮宏	廣東省委常委、統戰部部長	2013/02/08
劉鐵男	國家發展和改革委員會副主任	2013/05/14
倪發科	安徽省副省長	2013/06/04
郭永祥	四川省文聯主席	2013/06/23
王素毅	內蒙古自治區原黨委常委、統戰部部長	2013/07/03
李達球	廣西壯族自治區政協副主席	2013/07/13
李華林	中國石油天然氣集團公司副總經理	2013/08/27
蔣潔敏	國資委潭、主任（中共「十八大」中央委員）	2013/09/17 2014/6/30開除黨籍
陳柏槐	湖北省政辦副主席	2013/09/19
季建業	南京市市長	2013/10/19
廖少華	遵義市市委書記	2013/10/31
許杰	國家信訪局黨組成員、副局長	2013/11/28
郭有明	湖北省副省長	2013/11/30
陳安眾	江西省人大常委會副主任	2013/12/08
李東生	公安部原副部長（中共「十八大」中央委員）	2013/12/20 2014/06/30開除黨籍
童名謙	湖南省政協副主席	2013/12/21
楊剛	政協第十二屆全國委員會經濟委員會副主任	2013/12/27
李崇禧	四川省政協主席	2014/01/02
祝作利	陝西省政協副主席	2014/02/20 2014/08/06 開除黨籍和公職
金道銘	山西省人大常委會副主任	2014/02/27
沈培平	雲南省人民政府副省長	2014/03/12
姚木根	江西省副省長	2014/03/22
冀文林	海南省副省長	2014/03/28 2014/07/02 開除黨籍和公職
宋林	華潤集團董事長、黨委書記	2014/04/17
申維辰	中國科協黨組書記	2014/04/24
譚栖偉	重慶人大副主任	2014/05/03
蘇榮	全國政協副主席	2014/06/14
令政策	山西政協副主席	2014/06/19
杜善學	山西省副省長	2014/06/19
萬慶良	廣州市委書記（中共「十八大」候補委員）	2014/06/27
王永春	中石油集團副總經理（中共「十八大」候補委員）	2014/06/30 開除黨籍
徐才厚	中央軍事委員會前副主席	2014/06/30 開除黨籍
毛小兵	青海省委常委、西寧市委書記	2014/07/06 開除黨籍和公職
韓先聰	安徽省政協副主席	2014/07/12
陽寶華	湖南政協副主席	2014/07/15
張田欣	雲南省委常委、昆明市委書記	2014/07/16開除黨籍
趙智勇	江西省委常委、秘書長	2014/07/16
武長順	天津市政協副主席、市公安局局長	2014/07/20 接受組織調查
陳鐵新	遼寧省政協副主席	2014/07/24 接受組織調查
周永康	中共政治局前常委、前中央政法委書記	2014/07/29立案審查
譚力	海南省委常委、副省長	2014107/30
姚木根	江西省副省長	2014/03/22
沈培平	雲南省副省長	2014/08/06開除黨籍
聶春玉	山西省委常委、秘書長	2014/08/23 接受組織調查
陳川平	山西省委常委、太原市委書記	2014/08/23 接受組織調查
白雲	山西省委常委、統戰部長	2014/08/29 接受組織調查
白恩培	十二屆人大環境與資源保護委員會副主任	2014/08/29 接受組織調查
任潤厚	山西省副省長	2014/08/29 接受組織調查

資料來源：陳德昇，〈中共「反腐」鬥爭：目的、挑戰與影響〉，《習近平打擊貪腐與中共的政局發展》，2014年9月12日，頁28-30。

在福建古田召開「全軍政治工作會議」（10月30日到11月2日），強調「強軍目標」是實現「中國夢」的安全保障。（注二五）當然如是，而中國式民主政治應為黨、政、軍實現「中國夢」之沃壤載體，實現中華民族復興，為中國人帶來幸福和尊嚴的最佳政治制度。

結論

各種不同種族民族住在一個地球上，發展出多樣的文明文化，各種族群有各自的治國理念，對所謂「民主」當然有不同的思維和制度。例如，伊斯蘭、印度、拉丁、中國，以及英美為主流的基督教文明，如果加上非洲、大洋洲等部落文明，地球上定恐有千百種不同的文明文化，尊重不同文明文化的生活方式和制度，尊重「生物多樣性」才是「真民主」，才是人類和平、幸福之道。

從十九、二十世紀以來，以基督文明和資本主義為核心價值的英美等強權，竟以「民主」及「全球化」之名，欲將「美式民主政治」推向全球，凡有不從、不聽者，就以強大的美軍入侵該國，這是霸權，絕非民主，近數百年來地球上的戰爭，災難都是這種「惡因」，循環產生的「惡果」，英國、美國是最大的罪人。

當「八九天安門」事件爆發，中國處理方式飽受國際責難和抵制，只有新加坡前理李光耀看出「中國玄機」，以透視中國幾千年歷史文化的獨特性智慧稱許鄧小平：「作為一名戰鬥與革命的宿將，他將天安門廣場上示威學生看成可能使中國再陷入百年動盪衰朽的危機，他經歷過革命，在天安門廣場上提早看到革命的潛在信號，戈巴契夫與鄧小平不同，他只在書本上讀過革命，沒法看出蘇聯即將瓦解的危機信號。」（注二六）李光耀認為，鄧小平扭轉了中國的命運，給中國人民留下一筆巨大的充滿希望的遺產，而且也改變了世界的命運，當年我對鄧小平的鎮壓也很反感，但後來我認同李光耀的慧眼，如果當年鄧小平「手軟」，中國至今可能仍陷動亂中，廿一世紀已非中國人的世紀。

李光耀相信「生活是最終的考驗」，他堅信一般人民最迫切需要的是經濟，沒有良好的經濟環境和條件，人民「有像樣

李顯龍：兩黨政體星國尚不適用

【本報綜合外電報導】新加坡總統納丹十九日在總理李顯龍建議之下，宣布解散國會，並訂大選日為下月七日。總理李顯龍日前接受星國媒體訪問時表示，「兩黨政體」目前尚不適用於這個富裕的城邦。

星國《海峽時報》在二十二日刊登總理李顯龍的訪問，他認為，星國是屬於多元種族的社會，兩黨執政的國會將容易造成意見不合的局面。李顯龍所屬的人民行動黨在過去四十幾年，幾乎獨占星國國會席位，形成一黨獨大的內閣政府。二○○六年，人民行動黨與反對黨競爭國會議員八十四個席位，最終拿下八十二席，贏得壓倒性勝利。一般認為，下月的大選，人民行動黨將一如往常拿下逾三分之二席次。

資料來源：人間福報 2011.4.23.

的生活去享受民主嗎？」他認為「這是絕對、絕對、絕對無庸置疑的。」所以，在他看來，民主只有工具價值，他斷然反對西方民主的兩黨制，採用「新加坡式民主政治」，終於使新加坡從被馬來西亞「趕出家門」，被迫獨立，變成今天全球羨慕的明星城邦國家。

廿一世紀的中國，做為新世紀有能力領導世界，乃至挽救西方基督教文明和資本主義給人類帶來的災難，修正先天不良的「病態西方民主政治」，制衡美式霸權，怎能沒有一套合用的「中國式民主政治」？《當中國統治世界》一書作者賈克說的好，崛起和強大後的中國是文化的中國，以中國人為主體的生活方式建立聯繫起來的中國，這不但包含經濟，也包含中國人的政治、宗教、文學、思想，甚至軍事觀，中國崛起的結果，將不是中國越來越像西方，而可能是世界越來越像中國。（注二七）難怪很多西方思想家也有類似看法，基督思想和資本主義為核心的民主政治，成為西方文化的終結者，中國人怎能穿那樣「破鞋」？怎能走上那種「死路」！

中國共產黨以天命之姿領導中國走上強國之路，建設「中國式民主政治」，只要守住以中華文化為核心內涵，以「民本、仁本」為政治思想精神，國家統一和「中國夢」實現，都會是水到渠成的事，「中國式民主政治」也將成為人類文明文化的新典範、新主流價值觀，中國人甚幸！全人類有福了！

注釋：

注一：陳福成，《找尋理想國：中國式民主政治研究要綱》（台北：文史哲出版社，二〇一一年二月），第三章。

注二：牟宗三，《中國哲學的特質》（台北：台灣學生書局，民國七十九年十月，再版），頁八。

注三：中國時報，二〇一〇年三月十五日。

注四：同注一，頁六六。

注五：朱光磊，《中國政府與政治》（台北：楊智文化公司，二〇一〇年九月，二版），頁四八。

注六：同注五。

注七：同注一，頁五五。

注八：同注一，頁五七。

注九：Martin Jacques,When China Rules the world：The Rise of the Middle kingdom and the End of the western World.李隆生、張逸安譯，《當中國統治世界》（台北：聯經出版社，二〇一〇年六月），頁四七九—四九二。

注一〇：人間福報，二〇一四年十一月二日，A6 版。

注一一：弘一大師是一代高僧，筆者早年曾有筆記，資料不全，但大師的言論應是有根據的，趣者可自己詳查弘一大師全集。

注一二：同注九，頁一四－一五。

注一三：張作錦，〈要大陸學台灣的言論自由？〉，《人間福報》，二〇一〇年二月四日。

注一四：人間福報，二〇一〇年十一月十八日。

注一五：鄧小平，〈在理論工作務實會上的講話〉，《鄧小平文選》（北京：人民出版社，一九八三年七月），頁一四九。

注一六：同注一五，頁三七二。

注一七：中國時報，二〇一〇年三月九日，A13 版。

注一八：人間福報，二〇一〇年九月廿五日，A4 版。

注一九：聯合報，二〇一〇年十月十四日，A15 版。

注二〇：「合法性」是政治上有效統治的必要基礎，是治者和被治者間一種共認的理則或信念，這種理則或信念，在各時代各族群有很大差異，亦有恆久不變者，如貪污腐敗等，一言之，合法性是一種存在於社會中有意識或無意識默認信守之「天經地義」。

惟合法性和「合法」或「法律性」（Legality），合法或法律性指程序上的合法，例如高雄市議會三讀通過高雄宣布獨立，國號「高雄共和國」，「程序」全都合法，合乎法律要件，但這是沒有合法性的，所以是無效的法律。

注二一：中國時報，二〇一一年三月十五日。

注二二：吳傳國、時秋華，〈從政治發展觀點探析習近平反貪的挑戰與影響〉，《中華戰略學刊》，一〇四年春季刊（104年3月31日出版），頁一—四五。

注二三：人間福報，二〇一四年四月三日。

注二四：同注二三。

注二五：潘進章，〈習近平召開「全軍政治工作會議」之研究〉，《中華戰略學刊》，一〇四年夏季刊（104年6月20日出版），頁二一〇—二四五。

注二六：陳國祥，〈李光耀唯一懸念，經濟〉，《中國時報》，二〇一五年三月廿二日。

注二七：同注九，頁一七。

第 二 篇

中國國民黨怎樣搞統一？

— 中國歷史上偏安政權的宿命

第五章　不統不獨不武與維持現狀
——島民在現狀中掙扎沉淪

在談國民黨怎樣搞統一前，先說台灣（或中華民國）的現狀，這個現狀是近二十年來，統派的「不統不獨不武」和獨派「維持現狀」，所造成的結果，眾多的惡因當然就結了惡果。

而種下這些惡因的人是誰？每天的新聞罵最多的是馬英九、陳水扁、李登輝、蔡英文「四大首惡」。但我認為兩陣營的從政者、黨員、所有島民都有責任，因為沉淪墮落的病毒已經滲入絕大多數島民腦海中，首惡和徒眾成為「相互需要」，各方面「相互包養」，造成了台灣的現狀，本文採各家之說，非作者一個人「獨白」，使現狀的呈現較為客觀。

壹、數典忘祖、皇奴化、漢奸化

當那個老番癲、老不死，倭人警佐強姦台灣女佣生下的魔胎、雜種李登輝說，他是日本人，二戰時台灣人為日本母國而戰，又說釣魚是日本的，他這麼說，除了馬英九罵他「不要作賤自己」，統派也有批判的聲音。

反觀獨派和一般社會大眾，幾乎是一面倒的「同情、不語、默認」的情境，顯然，這不單是「首惡」的問題，而是有幾百萬台灣人已經數典忘祖，思想上已經皇奴化、漢奸化，這些人寧可當倭國皇奴，當倭人的賤奴，也不當中國人，實在是不能以筆墨形容的下賤，若要追本溯源找病因，也可簡化為二，（一）中國衰弱百餘年民族信心瓦解，許多人

大江健三郎：日占領釣魚台 應反省

黃菁菁／東京廿八日電

包括日本諾貝爾文學獎得主大江健三郎在內的約五百名日本市民發動連署，反駁日本政府堅持釣魚台不存在領土問題的立場，認為竹島與釣魚台都是日本趁韓國與中國最衰弱時占領的，現在日本應該認識、反省自己侵略鄰國的歷史問題，並誠實的表明出來。

聲明中還提及，台灣總統馬英九八月五日提出「東海和平倡議」，即自我克制不升高對立、擱置爭議、不放棄對話管道、尋求共識、制訂東海行為準則等極為冷靜、合理性的提案，這樣的聲音應該被廣為宣傳與強調。

這個由日本市民發起的連署活動，廿八日召開記者會並發表聲明，《世界》月刊前總編輯岡本厚、《朝日新聞》前駐首爾支局長小田川興、律師內田雅敏等人代表出席，他們舉著「互惠」、「和平」、「非暴力」、「對話」及「相互尊重」等標語。

聲明中指出，日本占領竹島是在日俄戰爭期間的一九〇五年二月，當時韓國被殖民，外交權慢慢被剝奪，對韓國人民而言，這是被侵略及殖民地支配起點的象徵，這一點日本人必須理解。

釣魚台列嶼則是在中日甲午戰爭後，一八九五年一月被日本納入領土，三個月後的《馬關條約》中，台灣及澎湖列島成為日本的殖民地，不論是韓國或中國（當時為清朝）都是在最脆弱、不能行使外交主張之下被占領的。

聲明中指出，中日邦交正常化四十年來，雙方默認「擱置」領土問題，但東京都知事石原慎太郎宣布購島，日本政府以此為契機宣布將釣魚台國有化，這些都被視為是「挑撥」行為，日本國內對於石原的行動批判太過薄弱。野田政府在七月七日蘆溝橋事變當天宣布國有化方針，等於提醒人們絕對不能忘記這個日子。

▲曾獲諾貝爾文學獎的日本作家大江健三郎參與連署，呼籲日本政府反省過去侵略鄰國的歷史，圖為大江2008年時出席一場記者會的照片。（美聯社）

聲明中強調，領土問題不論對任何國家的民族主義而言，都是個挑動神經的議題，因此權力者會藉此轉移國內矛盾。一方的行動，將激發另一方的對應行動，情勢升溫之下，誰也無法預料是否不久後會發展成無法控制的武力衝突。

日本市民呼籲，「我們反對任何形態的暴力行為，主張以和平性對話來解決問題。各國的政治及媒體理應有壓制本國民族主義及冷靜處理的責任。」日本應該停止「領土問題不存在」等此種虛構性的認知，不論由誰看來，「領土問題」、「領土紛爭」都是存在的。他們並且重申，必須重視「河野官房長官談話」、「村山首相談話」、「菅首相談話」等文件，表現出欲加深與鄰國間和解、友好、合作的姿態。

（相關新聞刊A10）

責任副總編輯／吳典蓉 編輯／楊海騏

《國是評論》232期封底．101．11．1

仍不知「我是誰？」他們不知道自己是炎黃子孫；（二）倭國殖民台灣的後遺症。但同被倭國殖民的韓國，像李登輝這類賤種，早被國法重辦或暗殺，絕不可能每年花上億錢去供養這個禍國映民的漢奸，說來台灣人的悲哀中，存著幾分天生的賤骨頭！

當李漢奸說釣魚台是日本的，一批尚有正義感的日本人（如剪報），卻早已先發起日本民間反省連署，認為日本占領釣魚台和竹島是有問題，都在中韓最弱時占領，沒有合法性。

近二十年來，統獨兩陣營為「日治」和「日據」或「日殖」，不斷加深社會的毒化，發生不少社會動亂，一次次更深化的皇奴化、漢奸化；另一面當然就是去中國化、反中，去中華文化，使更多年青一代更像日本皇奴，最近一次是蔡英文黑手策動的「太陽花」，表面是反課綱、反黑暗箱，實際是爭取日本統治台灣的「合法性」。

附表：不同稱謂對照表　《國是評論》267，104.10.1.

兩蔣及馬英九時代的稱謂：	李登輝及陳水扁時代的稱謂：
國父孫中山	孫中山
大陸	中國大陸
抗日	二戰
中日戰爭	日清戰爭（日本與清朝之戰）
光復台灣	戰後台灣
日據時代	日治時代
日本是侵略中國、殺人放火，無所不為的侵略者，	日本是善良的母國
慰安婦是被逼迫參加的	慰安婦是自願參加的
日據	日治

堂堂中國人，或至少也是台灣人，為什麼要去爭取日本「殖民」台灣的合法性？「太陽花」那些學生知道什麼？了解什麼？能醒

悟自己是被政客利用的工具嗎？「太陽花」後不久我看到一篇文章，一個叫張瑋珊的女生（約二十多歲）的文章，〈我如何從感性「台獨」變為理性統派〉。（注一）深感像這樣有悟性的年輕人太少了，絕大多數年輕一代（尤其目前的高中、大學生），完全不知道自己是被台獨洗腦、策動當成工具，他們以「太陽花」之名「反課綱」、「反黑箱」，到底反什麼？就是以下問題。

㈠慰安婦前面加「被迫」兩個字，太陽花反對，他們說慰安婦是自願的（合大漢奸李登輝的說法），台灣女人這麼下賤嗎？非要讓自己的屄讓日本軍肏嗎？還是自願的。太陽花那些人為何不回去問問他們的阿公、阿媽，是否如是？若是，他們應也可以。

㈡「日本統治時期」加「殖民」二字，成「日本殖民統治時期」，太陽花反對，他們反對「台灣光復」，他們堅決就要殖民的合法性，不當台灣人，要當倭人皇奴啦！天底有這麼賤種族群嗎？

「日本統治」（日治），表示統治在政治和法律上有正當性；「日本殖民統治」（日殖），殖民行為在道德和法律都沒有正當性，因為是被強迫的，如同被綁匪綁架簽的合約是無效的，另有「日據」一詞，獨派也極力反對，都是扭曲歷史，體現自己的奴性不改與下賤的本質，滿腦子漢奸思想，只能說得了政治癌，無藥可救了！

㈢反對描述漢人來台的歷史，這點更可惡，已非皇奴、賤種可形容，而是根本背叛父母祖宗，要把「台灣人」和「中華民族」徹底切斷。台獨有一套說法，台灣人是大和民族和南島的混種而偏於大和民族，所以日本才是台人的母國，這種說法竟然很多獨派認同，太陽花那些反課綱的學生認同嗎？他們根本不知道，就像一隻寵物，被「小英基金會」牽著走而不自知，笨得比豬笨！好可憐！

還有更可怕的洗腦，說孫中山、孔子、孟子、李白、杜甫……全是「外國人」，全和「台灣人」無關，而太陽花那些學生也相信了，真的可憐到了極點，不知道身為中國人何等光榮！可惜啊！可惜。

㈣反對記載劉銘傳和林朝棟事蹟，這不是歷史陳述嗎？找不到可以反對的理由，但太陽花反課綱就是反對，說是「黑箱」，實際上小孩不知情，他們只是被利用的工具，劉銘傳是中國人，林朝棟打敗法軍是為「中國」而戰，凡與中國有關都要反對、要切斷。這種漢奸本質真是太可怕、毒素太強了，就像思想癌，讓人自甘墮落，讓人想當日本皇奴，這種賤種當中國人不夠格，當台灣人也是污辱了台灣寶島。

㈤反對描述日本殖民台灣時的大屠殺，及歧視和鎮壓政策，這種反對也是不可思議，因為日本殖民台灣五十年，台灣人至少有一百萬人死於屠殺、滅村、滅鎮、滅族和各種以「合法」之名的殺害（後述）。很奇怪，死的都是台灣人的父祖輩，而他們子孫卻要去討好、美化兇手，進而刻意掩飾那些殺害父祖的兇手，甚至願為兇手族之奴，好可憐的奴性，而另一方面對蔣介石為維護台灣安全，誤殺幾個人則念念不忘，這種心態很難解釋，只能說皇奴化、漢奸化的結果。

㈥反對描述台灣人抗日的英勇事蹟，這實在太奇怪，台灣人抗日不該描述（讚揚）嗎？何況這是事實，原來你要站在李登輝的想法才會理解，二十年來從李登輝開始「美化日本」，並說出「日本祖國」這樣的話，而獨派包含現在蔡英文這批「新台獨史觀」，認同了「李登輝毒素」，祖國是母國，台灣人抗日等同「抗母」是不對的，故反對教科書描述台灣人抗日事蹟，太陽花這些小孩懂嗎？不懂，你們不過是工具！

前面提到日本殖民台灣的大屠殺，都是鐵證如山的史實：（一）基隆大屠殺、（二）桃園新竹地區大屠殺、（三）嵙崁「大溪」大燒殺、（四）台中彰化軍事大掃蕩、（五）雲林大屠殺、（六）嘉義大屠殺、（七）台南軍事大掃蕩、（八）蕭壠（台南）大屠殺、（九）阿公店——岡山大討伐、（十）六堆、長治鄉大屠殺、（十一）斗六、竹山、斗南、土庫等地以歸順為名的集體誘殺抗日民兵、（十二）林少猫事件全族被滅，按歷史可考可證者，其他至少尚有數百處大屠殺，而這些站在台獨史觀，都不可再說，要刻意從這一代人就「消失」，因為日本是他的「母國」。

二千三百萬台灣人，到底有多少這種「皇奴化、漢奸化的基本教義派」，我以為幾十萬到百萬是有的，尚有數百萬是對國民黨不滿等各種原因，這也是二十年來「綠毒」洗腦的結果，這樣子對台灣、兩岸或統一有何影響？我以為只能給台灣帶來長亂久不安的結局，日本得不到任何好處，這道理很簡單，一者日本沒落了，美國力量不足以抗拒中國；二者當然是中國強大了，「台灣問題」會被中國的政經文化「消融」掉（看第一篇各章）。

課綱召集人王曉波：
要找就找我　求蔡英文放過孩子

（二〇一四年七月卅一日《中國時報》）

另據較可靠說法，二戰後有部份日本人留下歸化為中華民國國籍，七十年過去了，現在台灣人中真有倭人血統約不到一%，其他約有二%是台灣人「偽皇民」的賤性。（注二）再加上這二十年被洗腦的人，「皇奴化、漢奸化」就不在少數，談到有日本人血統，第一個想到是李登輝，他是日本在台警佐和台灣女佣所生（被強姦），他是真皇民，另外，像台獨新任台中市長林佳龍，要重建日據時期神社鳥居，供市民膜拜，凡此都已表示要讓台灣重歸日本，可惜多數人看不出來，中毒太深了。

貳、錯誤變質的民主、邪惡偏姦的民粹

人類文明文化發展到現在，最大最可怕的結構性騙局，正是現在流行全球的「民主政治」，所謂「美式或西方」民主政治，目前全球所有的災難，包含現在的歐洲難民、IS伊斯蘭國問題，那一樣不是美國式民主政治的產品。

因為現在流行這套西式民主，根本就是一種民粹政治，西方各國只有程度的差別，近二十年來，台灣在台獨的操弄下，民粹日愈邪惡偏姦，造就目前台灣的現狀，但這種禍害正是「推動」兩岸統一的另一種動力（詳在第三篇析論），本文詮釋「民粹」和「民主」

「逢馬必反」、「逢中必反」成新常態

「台灣民主化走向民粹化極端」

【記者陳君碩／綜合報導】大陸中國社科院台研所所長周志懷昨指出，台灣社會躁動不安，民主化有走向民粹化的極端，陷入「逢馬必反」、「逢中必反」的新常態。他也批評民進黨自外於大陸經濟發展，加劇台灣經濟走向邊緣化。

中新社報導，由大陸全國台灣研究會主辦的兩岸青年學者論壇昨天在海南開幕，身兼台研會秘書長的周志懷措詞嚴厲，分析當前兩岸困境。他指出，兩岸現在均處於劇變的關鍵年代，存在兩種不同的「新常態」。大陸不斷深化改革，台灣則陷入「逢馬必反」、「逢中必反」的新常態。

周志懷認為，台灣社會躁動不安，廿多年來民主化有走向民粹化的極端，公權力逐步失去社會信任，去年反服貿學運後更加劇台灣社會的失序現象；他還指出，去年九合一大選後，台灣政黨輪替的政治氛圍趨於濃厚，二〇一六年總統大選後，台灣將何去何從，恐怕也將是一大劇變。

周志懷批評民進黨，從二〇〇八年以來持續自外於大陸乃至國際的經濟發展，持續抵制兩岸的經濟與文化聯繫，他直言這將使台灣主導自己在大環境的能力和機遇持續流失，也勢必加劇台灣經濟邊緣化。

周志懷認為，兩岸關係面臨的挑戰日趨嚴峻，巨大的不確定性將衝擊兩岸和平紅利，他也呼應大陸國家主席習近平的「地動山搖說」，稱「兩岸關係的政治基礎一旦出現坍塌，兩岸關係和平發展的停滯和倒退將難以避免。」

周志懷表示，青年世代已成影響兩岸關係和平發展重要力量，當前兩岸關係進入挑戰大於機遇的持續調整階段，他主張將兩岸和平制度化，有助打破台灣政黨輪替引發的後遺症。**104年4月14日 聯合報**

的差異，二者類似，不難區分，就像兩兄弟的名字，表面兩個類似，但內心世界不一樣，民主包容又正派，民粹邪惡又偏姦，簡述如次。（注三）

㈠民主在討論公共政策時，雖然有自己的觀點，仍願意傾聽對方觀點，接納不同意見；民粹對不同意見惡言相向，對人羞辱，堅持已見如「一神論」。

㈡民主努力用單一、客觀標準，依法依制度，看待不同黨派的人物和事情；民粹則雙重乃至多重標準，唯我獨尊、唯我獲利、唯我愛好，其他都該死。

㈢民主以事實為根據，多少證據說多少話；民粹以聽說、偏聽、造謠、說謊為本業（如《自由時報》），信口開河造謠打擊又不負責，濫用言論自由。

㈣民主是個君子，民粹是個小人，二者比賽，君子常是輸家，小人總是大贏，因為小人手段高明，懂得利用人性弱點，又善於造謠騙取選票；民主官司雖然打贏了，但已是多年後的事。

台灣的民主在台獨操弄下，完全變質扭曲，成為一種邪惡、偏姦又瘋狂的民粹，早已成為國際笑話，而有「腐敗民主」、「墮落民主」的封號。（注四）連王曉波教授也評說，台灣民主「非常脆弱」，不能碰、不能摸，又令民生經濟「心焦」，這種民主除了做裝飾品供著外，又有什麼用？（注五）這是台灣民主的悲哀，這些黑暗民主天天在我們的立法院上演，立法院是台灣最大的「黑箱」，馬英九企圖「打破黑箱」，卻被全民罵得滿頭包，王金平「關說案」不僅違法，王金平本人長年和獨派私相交易，已經是一種「叛黨」行為，違法亂紀，破壞法治精神，讓立法院成為喬事、藏汙、腐敗的黑箱。而整個社會竟也一面倒的認同，台灣民主將再沉淪下去，再質變，民粹更惡化下去。

從王金平所有行為解析、判斷，他無疑是「假國民黨員」，披著民主外衣搞台獨，把台灣推向毀滅的恐怖民粹，王金平居功頗大，尤其在「太陽花」事件上，說太陽花占領立法院，其實也是王金平把立法院「讓給」太陽花占領，二〇一四年十一月十日，中國時報作者洛杉基以「美式民主衰敗、台式民主崩解」，總結了國會和太陽花之亂，不見民主之包容精神，只見邪惡之民粹橫行，玩死了台灣，卻有利於統一。

國會密室協商已成亂源

102.10.1. 中國時報

■楊力宇

西方民主以美式民主為代表，為何衰敗?民主淪為「選錢與錢」的「對抗民主」，結果是「政黨對立、媒體偏激、企業操控、中產冷漠」四大死結，造成社會日趨敗壞，美國學者法蘭西斯・福山以「衰敗的美國民主」為題，指出美式民主走下去必「死路一條」。（注六）關於美式或西方民主政治的問題，本書其他章節多處論述，台灣遲早會進入「中國式民主政治」框架中。

「台式民主」為何會成為恐怖的民粹主義，成為世界級笑話，甚至在國際上已經被拿來當作負面教材，警示他們國人，不要成為台灣那樣。（注七）而台灣人毫無自覺自知，說來可悲！可憐！如井中之蛙又自大自狂！但這正是民粹，島民之現狀。

若要追本溯源，找「台式民粹」病源有二，其一是用了西式民主政治，則走上民粹是必然，其二是碰上台獨這隻邪魔，民粹之路走下去也是必然，有了這兩個「必然」，台式民粹不僅會持續下去，且無藥可救，最後的結果是中國救了台灣，共享「中國式民主政治」。

但統一也不是明後年的事，所以台灣人還會持續被「台式民粹」慢慢折磨很久，無所不

可憐啊！人家的政治工具
都是民主垃圾
抗議啦人間福報 2014.3.20.
反服貿學生前晚占領立法院，在警方清場行動中，一名學生激動大聲叫喊（上圖，法新社）。占領行動昨天持續，疲累之下，有人窩在堵塞議門的椅子下使用手機（左圖，法新），也有就地躺下來睡覺休息（下左圖，中央社）；到了中午，大家餓了，有人適時送來包子，場內學生趕緊分食充飢（下右圖，余承翰攝）。

賴士葆
我們全力支持
每屆都被評為
最績優立委
為何?給我一个說明。
國民党確有很多好立委，但為何國会被王金平控制，成為黑箱、亂源?
台北市議員 王欣儀
台北市議員 吳志剛
台北市議員 李新
前台北市議員 李仁人
前台北市議員 林奕華
台北市議員 徐弘庭
台北市議員 郭昭巖
台北市議員 陳彥伯
台北市副議長 陳錦祥
前台北市議員 秦儷舫
台北市議員 厲耿桂芳
台北市議員 歐陽龍
資料来源:
2015.12. 賴士葆
選舉廣告
按姓名筆劃順序
台北市議員 應曉薇
台北市議員 鍾小平

在的民粹暴力，在台獨包裝下，使暴力合法化，從反服貿到反課綱，民粹暴力被縱容到無以復加，極端的暴力挾持整個社會和國家前途，只有讓台灣垮得更快。

當敢衝、敢吼、囂張者滿街橫行，到處占領政府機關，而政府不敢管，警察也被霸凌，軍人都腿軟，善良的人更加沉默，正義之士心灰意冷，社會完全沒有是非黑白，一個朝代的末紀已然呈現，如漢末、唐末、宋末、元末、明末、清末，這就是不統不獨不武和維持現狀造成的「溫牀」，使真民主快速滅亡，民粹有最大揮灑空間。

參、媒體是台灣最大亂源，自由時報集團爲代表

很多人說媒體是台灣最大亂源，也有說是國會最大亂源，但有個奇怪的現象，幾乎所有媒體（各類含名嘴等），只攻擊、抹黑、抹紅國民黨及統派各陣營，絕不會說任何民進黨和獨派陣營不好，獨派的大便也是香的，獨派的貪污腐化都是統派害的，由此可證，台灣媒體

中華傳統宗教總會總會長王金平(中)頒發團體會員證書予各宮廟代表

已非媒體，而是一種「鬥爭工具」，乃至戰爭工具。

說來也神奇，同是統派陣營的立法院院長王金平，確定所有媒體（台灣媒體幾全是綠色，大多是獨派外圍，如自由時報）不會批王金平，一面倒的站在王金平的立場報導，在「關說案」的馬王之戰和太陽花事件，媒體一面倒的支持王金平，站在「正義」一邊的馬英九和國民黨，慘敗至毫無尊嚴可言，這到底什麼原因？

前文我說王金平叛黨叛國，他當「中華民國立法院院長」是失職的，甚至「私通敵營」。但他和佛光山關係極好，不知是否「佛光人」？或是否佛弟子？

一、民主政治的媒體自由已質變成普世亂源公害

台灣走的是西方民主政治的路線，民主政治和媒體自由是西式民主國家引以為傲的二個普世價值，被認為是「民主」的兩大特徵，可惜已日趨變質，得過三次普立茲新聞獎的佛里曼，在《我們曾經輝煌》一書直指：「當政治人物與利益團體相互利用時，當媒體擴大散布社會對立時，當政府支出超過能力時……當年輕一代失去工作認真獨立奮鬥時，這個社會的生命力與凝聚力開始渙散，然後就走下坡。」（注八）佛里曼在書中提到，美國二十四小時散佈的新聞，強化了黨派對立；把新聞當娛樂，把政治當運動，

愈走偏鋒愈能搶到鏡頭，愈「重鹹」愈能搏到版面。台灣凡事向美國看齊，媒體必然會墮落，加上台灣有「台毒」，造成媒體更邪惡！

二〇一四年十二月六日，英國首相布萊爾在《紐約時報》撰文〈民主政治是否已死？〉指出：「政治人物討好而偏離中間力量，產生黨意大於民意；媒體為迎合偏執讀者和利益團體，立場愈來愈黨同伐異。」（注九）也就是說，西式民主政治在西方各國已變質了，台灣人卻仍死抱著不放，且用來撕裂同胞感情，抹紅抹黑造謠騙人，揮灑得虎虎生風，把台灣吹進死路。

台灣從李登輝開始惡化，由於他的漢奸本質和台獨心態，操弄政治和經濟陷入困境，二十年來台灣民主史，就是一部由民粹和惡質媒體策動下，內耗與內鬥的記錄，造成「產、官、學、民」陷入悲觀，從李登輝操弄台獨議題，台灣長期陷入十二個負面因素的輪迴，形成五方面惡化，使台

1988年後台灣社會出現之十二個負面因素

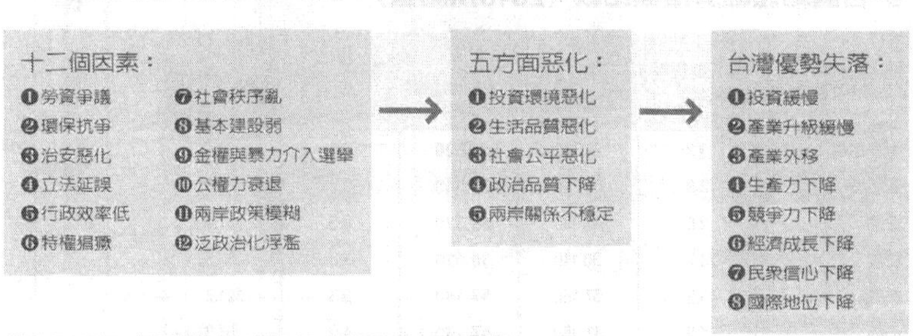

十二個因素：
❶勞資爭議
❷環保抗爭
❸治安惡化
❹立法延誤
❺行政效率低
❻特權猖獗
❼社會秩序亂
❽基本建設弱
❾金權與暴力介入選舉
❿公權力衰退
⓫兩岸政策模糊
⓬泛政治化浮濫
五方面惡化：
❶投資環境惡化
❷生活品質惡化
❸社會公平惡化
❹政治品質下降
❺兩岸關係不穩定
台灣優勢失落：
❶投資緩慢
❷產業升級緩慢
❸產業外移
❹生產力下降
❺競爭力下降
❻經濟成長下降
❼民眾信心下降
❽國際地位下降

資料來源：高希均，「後台灣經驗」的困境與突破，台北「天下文化」，1995年6月

灣優勢全部失落。（注一〇）台灣走到今天的困境，李登輝、蔡英文等台獨操弄是罪人，而媒體則是首惡。

在民粹主義「快樂丸」的快感中，台灣媒體成了「惡報」，政黨淪於「惡鬥」，目前這「雙惡」並無解藥，若有就是靠「人皆有佛性」，產生頓悟，這只有極少智者才有可能。廣大的台灣人民群眾，依然是淪落在民粹主義的「快樂丸」，在惡報媒體的「搖頭丸」中，享受短暫的快感和滿足。

對於台灣這種超越西方媒體的邪惡媒體，《遠見》發行人王力行在一篇文章題，〈毒死別人也毒死自己——媒體自省〉說，「我們大家都怕毒油、毒牛奶、毒澱粉……，難道我們就不怕「毒新聞」嗎？（注一一）而全台灣最邪惡、最惡毒的媒體，首推《自由時報》集團，這是台獨的外圍，打著「台灣優先、自由第一」的口號；實質上，可以說是一座超大「毒品工廠」，更是假新聞製造廠，最毒的「毒新聞」，幾乎全在《自由時報》。

二、自由時報是全台最惡質黑心的「毒媒體」

說起「自由時報」集團，深綠說他是「真理報」，但若客觀檢驗其全年度新聞，幾乎全是對統派（及中國、中國人、中華民族、全球華人）的抹黑、歧視性報導，說中國人是低等人，中華文化是全世界最劣質的文化；而何時候都可見到假新聞，對國民黨的抹黑、抹紅。這種「毒新聞」在自由時報天天有，因此我不必注釋，打開自由時報全是對統派、對中國的歧視報導。

有一次自由時報的第一版一個「頭條」，大張彩照是有個人在路邊小便，旁是拳頭大一排黑字「中國人都在路邊小便」，好惡質，這種場景天下哪裡沒有，我天天在外走路，幾乎「經常也看到」，可以說「台灣人都在路邊小便」嗎？自由時報大老闆林榮三和吳阿明，下地獄是必然的，否則宇宙間還有正義嗎？

當然，自由時報也報導良善的一面，千篇一律報導台獨的好，為獨派人物化粧，獨派人物的偷盜行為或貪污不法，自由時報的報導方式有三：（一）忽略不提、不說、不報；（二）合理化的解釋；（三）轉移焦點說是統派的政治陷阱，自由時報也善於策動造反，配合台獨、親日、皇民化的化粧報，說日本「統治」台灣的合法性，對台灣人多好等等，台灣應回歸日本「母國」，凡此等等，自由時報集團實在也是「漢奸媒體」，對不起台灣人，也對不起整個中華民族。

自由時報也算稱職的台獨外圍，配合民進黨等獨派思維，不斷強化「逢中必反、逢馬必幹」的宣傳，兩岸在二〇一〇年六月二十九日簽署ECFA，該報在半年內報導一千四百多則抹黑抹紅訊息，二〇一三年六月二十一日，兩岸再簽署服貿協議，該報在半年內又有一千四百筆負面歧視報導，可謂每天不擇手段給台灣人洗腦。例如，ECFA衝擊三二一萬白領，服貿威脅四〇七萬人生計。（注一二）這竟有幾百萬綠色人種和學生相信，說他們是豬嘛！他們也有人的腦袋。

自由時報是由台獨支撐的惡質、邪惡、民粹的毒媒體，是台灣惡化媒體的代表，是台獨外圍，所以也具有土匪流氓性，有了可怕的民粹主義，又有「台毒」和「毒媒體」，導致台灣二十多年來的沉淪，從國際人士看台灣，也都「外資見到台灣就拐彎」，因為「台灣已被認為是沒有願景與方向的國家社會」：

台灣也已被認為是個沒有政策承諾能力的國家社會，無論在中央或在地方政府的「政策不連續性」、「政策承諾的翻臉如翻書」、「政府締訂契約方式之完全悖逆國際商業契約基本理則」，只要遇有政權更迭、首長交替，動輒就會暴發「政策大變動」、「政策大扭轉」的戲碼不斷，甚至是百分之百純粹與政府部門直接

締結的五十年以上長期契約內容，也往往在不到三、五年時間就橫遭惡性更改變卦。（注一三）

台灣在國際形象上，也已被認為是個欺善怕惡、毀棄積極競爭力的國家社會；亦已被認為是中央與地方政府根本相互對抗對立的國家社會。（注一四）台灣走到這步困境，自由時報可以說幫了台獨集團大忙，是背後最大的「黑手」。法輪功本來就是一個罪惡集團，那些人完全忘了「我是誰？」那些垃圾廣告早該拆了，自由時報配合台獨集團抹紅，說馬政府是中國的「附庸」，民粹和毒媒體又打贏一仗，使台灣的沉淪更不可逆了。

現在的台灣，完全是鄭成功死後的台灣原版，只等待著「康熙大帝」出手，完成中國最後的統一，也是唯一救台灣的辦法。捨此，都是死路！當然，「玩死台灣」，自由時報「功勞卡大天」！

交通部觀光局以有礙觀光為名，通令各地稽查清除法輪功廣告，立委批評可惡到極點，豈能迎合中國政府，扼殺台灣民主。圖為台九線上法輪功的大型廣告。
自由时報 2013.10.16（資料照，記者羅沛德攝）

三、台灣人天生失智，習於被毒媒體洗腦

我為什麼說「台灣人天生失智」？若無理性解釋，我和那些沒頭沒腦的台獨、法輪功、自由時報等豬頭有何差別？簡言之，台灣沒有歷史文化，尤其沒有五千年歷史文化。

歷史文化是民族的智慧集大成，人如果有智慧從自己民族的歷史文化取經，就有取之不盡的智慧、財寶。例如，我是台灣人也是中國人，我便有五千年歷史文化，我認同，那五千年智慧便在我心中，孔孟李杜與我同在，經史子集歸我所有，我當然就是智者。所以，「台灣人天生失智」，當然是指不承認自己是中國人，否定中華文化的那群台獨份子，在台灣可能有幾百萬人，加上那些沒有判斷力被台獨洗腦的人。

這幾百萬「失智」的台灣人，他們沒有五千年歷史文化，連四百年也沒有（他們也否定漢人來台歷史）。這些「失智者」唯一肯承認的，只有日本殖民統治史，而且他們不認為是「殖民」，而是「合法統治」，把日本當成祖國、母國，這就完了。

媒體槍林彈雨　後座力殺傷社會

2013.8.2. 人間福報

抓到話題鋪天蓋地報導　呈現手法聳動誇大　掩蓋理性聲音　為爭發行量收視率　製造混沌不安

為什麼完了？台獨把自己玩完了，不僅失智又得了精神分裂症，為何？說明（一），他體內流的仍是炎黃老祖的血，道道地地的中國人，但死不承認，必得精神分裂，說明（二）台獨份子又說「中國豬滾回去」，這下把他父母祖宗全說成豬，自己不也成了豬，到底他是豬還是人？只有精神分裂能詮釋，是半人半豬吧！說明（三）把日本當祖國、母國也有問題，一者血統不同，二者人家不承認，就是日殖時期台灣人也是次等公民，此人盡皆知的事；三者此實作賤自己，堂堂中國人不當，要當倭奴、當漢奸。

台灣人天生失智又有精神分裂，很容易被洗腦。喬治．歐威爾名著《一九八四》，描寫一個被老大哥洗腦的社會，從李登輝到陳水扁，獨派操控媒體，強力介入媒體用字，錙銖必較。例如，不能用「大陸」，用「中國」，等於把大陸當「外國」看，大陸新聞全用負面、歧視性詞彙，馬英九上台並沒有撥亂反正，因媒體已全部綠化、民粹化，反課綱、反服貿都是證明，證明台灣沒有理性媒體了。失智者已失判斷力，習以為常被毒新聞洗腦，這也讓綠色媒體吃定了這群豬腦袋，無所不用其極的製造假新聞，反正那些失智者也判斷不出真假。例如，不久前一個綠色電台為醜化國民黨，製造仇恨，竟無中生有，將過去在大陸發生的行刑鏡頭播出，說是二二八事件時殺害台胞鐵證，陰謀被識破後，說是「無心之過」了事，可見居心之邪惡，比失智和精神分裂可怕。

台獨、民粹、毒媒體三合一，玩垮了台灣，唯一的結果是加速中國的統一。緩統亦統，緩獨亦統，急獨則急統，這些在第三篇析論之，從這個角度思考，自由時報的邪惡快速配合玩垮台灣，也是吾國完成統一的功臣。

肆、半盲社會、半盲政府、不知死活、全民悲觀

台灣是「半盲社會」，不是筆者說的，而是大名頂頂的宏基集團創辦人施振榮說的，政府被半盲社會推著走，政府也成為「半盲政府」。

台灣的現狀就像一艘沒有方向的船，實際上也是全盲的。這種盲目社會和政府的成因，當然來自台獨、民粹和毒媒體的操弄，人民被邪說控制，變成整個社會的低能和貪婪，德國媒體則直接形容台灣是「貪婪之島」，多麼的可悲！終於導致蓋洛普「全球生活滿意度調查」，台灣竟淪

社論 「半盲社會」與「半盲政府」

為「悲觀」地區。（注一五）這和「悲慘世界」有何差別？雖然這個結局歸罪於台獨、民粹和毒新聞，可進而分析說明。

一、台灣人普遍陷於無知與低能導致半盲全盲

施振榮所述台灣是「半盲社會」和「半盲政府」，並非「眼睛」的盲，而是「心」盲，但心是「心藏」，不負責IQ或EQ判斷，所以，施振榮說的「半盲」，應是指台灣人的思想、觀念被台獨和民粹邪說毒化，被毒媒體洗腦，失去原有的IQ或EQ判斷力，呈現出全民普遍的無知低能狀態，因而出現「半盲社會」、「半盲政府」。這種說法好像對統派人民不公平，因為無知低能只是獨派那些綠色物種。事實上，正常人住進瘋人院不久也得精神病，統派長年被獨派精神病糾纏，不久也發病成無知低能，除非像筆者這種達到「八風吹不動」的境界，就能不受影響，把各種毒素阻隔於身外。因此，總的來說，除極少數智者以外，台灣人確實普遍的無知低能，這才是施振榮「半盲社會」的詮釋，台灣人無知哪些？又是哪些事情無知？

第一、對台灣歷史背景和合法性定位無知。地球上經常有新國家誕生，很多正在爭取獨立中，各有不同機緣。例如，呂秀蓮曾在演講說到她一九九二年到聯合國，看到波

羅的海三小國公投獨立加入聯合國，國旗在總部升起，台灣當如是，但呂秀蓮不知道（台灣人知道的也極少），當時美國第三步兵師第一旅三千名美軍，七百五十輛坦克和大砲等也在三小國中的拉脫維亞，以「大西洋決心」的軍事力量維持三小國和平獨立，背後尚有大西洋公約三十個同盟國的安全保障。

試問，台灣獨立誰來做「安全保證」？台灣在中國版圖是「台灣省」，「省」如何獨立成「國」？清末中國處於最弱狀態，「台灣民主國」還得不到國際任何承認保障，何況現在中國崛起！像呂秀蓮都如此無知低能到接近腦殘，其他就別提了！

第二、對中華文化的無知和不願知，從李登輝、陳水扁開始，把台獨美化、中華文化醜化、日本殖民肯定合法化，透過各級學校修改課程，大學成立台文系所等等洗腦。如此惡搞二十多年來，馬英九上台亦無力撥亂反正，因全被綠化了，終於導致現在，台灣人對中華文化的無知和不願知，沒有了自己的文化，邪說和外來文化便入侵人民大腦，邪說如台獨思想，外來如日本皇民思想，台中市長林佳龍要重建日本神社，讓台中市民膜拜日本天皇，真是無知到極點，可憐又可悲！邪惡到比魔鬼邪惡！

中華文化是世界四大文明唯一持續不斷者，目前世界各國的「孔子學院」有一百多所，中華文化是廿一世紀的顯學，只有台灣人，莫宰羊！

第三、對未來危機無感和搞台獨結局無知不想知。台灣未來很多危機，大家都無感無知，如國際信用破產，外資不來，人才外流，沒水沒電，人口老化，道德沉淪，但最大危險，是台獨基本教義派（如賴清德）所認為的，「台獨課綱」不改，數十年台獨就「自然煉成」，這也是蔡英文心中所算計的，但他自知（無知、不想知），台獨煉成之日正是中國統一時，台獨把台灣推入戰火。

二、不知將沉淪至滅頂溺死、不知死活

通常人將滅頂，必會奮力求生，心中知道絕不能溺死，但「半盲社會」中的台灣人，已被台獨、民粹和毒新聞洗腦毒化，一半發瘋成了精神憂鬱症，對於即將發生的溺死無感，因為長期沉淪使沉淪成為「正常活動」，除了政治、經濟面的沉淪，一年四季不間斷的食安風暴，都證明台灣社會的沉淪，成就了「半盲社會、半盲政府」現狀，因而台灣現在又得到「黑心天堂」封號，是誰造成的黑心天堂？

台灣人的不知死活，沉淪滅頂而無知無感，除了源頭的「台毒」，很多台獨大老也做了「示範」。例如，李登輝的漢奸心態必帶動很多人學習，也跟著想當日本皇奴，不斷宣揚日本的好美，強調日本殖民台灣的合法性，說慰安婦是自願的，一定讓很多台灣

人相信。這些人不知死活，不知李登輝帶他們去滅頂。

又例如，陳水扁家族貪污的錢已數不清有幾個億！但阿扁至今不認罪，綠營一致說法是「國民黨政治迫害」，呂秀蓮還要求指定日期釋放陳水扁，否則要絕食抗議，公理、正義、道德、禮義、廉恥，在台灣社會可謂已全部「溺死」，這樣的社會、政府，並非「半盲」，而是「全盲」，不知死之將至！

再例如，太陽花那些豬竟然也綁架了台灣，霸佔立法院廿三天（王金平讓位也是），癱瘓國會，破壞行政，偷吃太陽餅。事後，台灣大學社科院還頒發「社會利他獎」給帶頭鬧事的學生林飛帆，這不是「造反有理」嗎？連台灣大學社科院都沉淪到這個地步，台灣社會還有救嗎？若有，就等一國兩制統一時！

三、半盲社會、半盲政府造成台灣「全民悲觀」

人為什麼會悲觀？尤其為什麼整個社會處於「悲觀狀態」？通常就是人民生活在水深火熱之中，但今天台灣似乎並非如是，而是「衣食足廉恥亡」造成的結果，照理說衣食足應知「榮辱」，為何反是「廉恥亡」？

吾人可回憶陳水扁家族貪污案爆發時，百萬紅衫軍高舉大大的「恥」字遊行嗎？就是這「恥」字，台灣社會成為一個「無恥社會」，知恥是人和禽獸最大的區別，也是中華文化重要的道德價值，春秋時代管仲說：「禮義廉恥，國之四維，四維不張，國乃滅亡」，今天台灣這個無恥社會尚未滅亡，真乃意外！

一個無恥的社會，人民如何樂觀得起來？蓋洛普針對全球一百四十一個國家和地區，進行「生活滿意度調查」顯示，台灣和全球最悲觀的國家希臘相近。全球市調公司尼爾森於二〇一三年，發布第二季「全球消費者信心調查」，台灣也在悲觀行列，連菲律賓、泰國都比台灣好很多，一國兩制的香港更大大超越在台灣前面很多（詳看剪報）。台灣人不是看不起一國兩制嗎？兩蔣時代的「亞洲四小龍之首」、「台灣錢淹腳目」，淪落到今天快要成為全球最悲觀的地區，這不就是搞台獨的結果嗎？

社論

台灣淪為悲觀國家

人間福報

蓋洛普針對全球一百四十一個國家民眾進行的「生活滿意度調查」顯示，台灣有百分之二十六的民眾認為未來不會比現在好，對自己的未來感到悲觀，在一百四十一個國家中排行第五，也是亞洲國家之首，新加坡排名第九，日本排名第十二。蟬連全球最悲觀的國家是希臘，台灣距離經濟瀕臨破產的希臘卻是如此之近。

台灣曾是亞洲四小龍之首，民眾口袋滿滿，對未來更是充滿著信心，無論走到哪裡都昂首闊步。不過幾年光景，眼看著大陸的國民所得進逼，北上廣等一線城市的消費比台灣還高，讓台灣民眾感到憂心。尤其是台灣的年輕人，別說房子買不起，就業也有問題，如何樂觀得起來？

民眾對「生活滿意度」最直接的反應來自於經濟，眼看物價節節高漲，薪水卻還是二十二K起步，一個剛畢業的大學生，就算在台北找到一份正當的工作，也難以自在生活，房租費去了一半，水電網路費、健保費再去了四分之一，如沒有家庭的支助，連吃飯都成問題，自無前景可期。

全球市調公司尼爾森昨發布二〇一三年第二季「全球消費者信心調查」，美國、中國大陸、日本消費者信心上揚，分別是九十六、一一〇、七十八，台灣消費者信心指數七十五，比第一季低三點，指數低於一百表示悲觀，台灣在悲觀的行列，反觀其他亞洲國家，印尼消費信心指數一二四，居全球第一；菲律賓一二一，排名第二；印度第三、泰國第四、大陸第六、香港第八、馬來西亞第九。

台灣一直處在「悶經濟」的狀態，貧富懸殊愈拉愈大，政府拿不出具體改善措施，大中小企業相繼到大陸發展，台灣沒有良好的投資環境，加上薪資低下的情況，外勞、外傭逐漸取代基層工作，高科技人才又被挖角，產業空洞化，人才空洞化的景況逐漸明顯。

最嚴重的問題來自於政治惡鬥，藍綠兩大黨幾乎無日不鬥、無案不鬥、無事不鬥，從兩岸政策如簽署ECFA、《服務貿易協議》，到立法院的法案審查，鬧出個荒腔走板的《會計師法》修正案，使得所有的力量內耗，導致政務空轉，一事無成。

這些問題如沒有改善，民眾就不會有樂觀的前景。台灣競爭力論壇上周發表「二〇一三台灣幸福指數大調查」，除了有各縣市的幸福指數排比之外，並沒有和其他國家比較。但可以看出離島地區、偏鄉地區的幸福指數要高於城市地區。學者建議國民黨應加強中央政府執政成績，以帶動提高國民黨地方施政的滿意度；民進黨應加強檢討為何縣市首長滿意度不能帶動民眾的幸福感。可見民眾或許對縣市首長的施政感到滿意，卻難有幸福感。

施政的目的就是要讓百姓安居樂業，民眾對未來沒有信心並悲觀，這是施政的結果所造成。面對舉世都不斷為國民爭取幸福，且都逐漸超越台灣的當下，執政者應拿出提升民眾幸福與樂觀的具體辦法。

小結

本文從統派的「不統不獨不武」和獨派的「維持現狀」，一般大家說的「獨台」和「台獨」經二十多年操弄，變成現在台灣的「現狀」，總結各家看法（並非筆者獨白），這個台灣（中華民國）社會的現狀是：

㈠數典忘祖、皇奴化、漢奸化。

㈡錯誤變質的民主、邪惡偏姦的民粹。

㈢媒體是台灣最大亂源，自由時報集團為代表。

㈣半盲社會、半盲政府、不知死活、全民悲觀。

曾經是亞洲四小龍之首，台灣錢淹腳目，「台灣人把XO當汽水喝」，台灣人花錢像大爺……兩蔣創造的「台灣奇蹟」，淪落到今天全民沉淪、半盲社會、半盲政府、國際信用破產、全民悲觀的無恥社會，這一切都因搞台獨而造成，搞台獨讓台灣成了無恥的禽獸社會，而李登輝這隻「人形獸」正是罪魁禍首。

目前台灣社會這種「現狀」，文茜世界周報主持人陳文茜稱之「虛假共和國」。（注一六）的確，台灣社會那樣是真的？台獨是搞假的，統一也不是搞真的，再看全年到處食安風暴，毒澱粉、毒醬油……油，都是虛的、假的，「虛的政治」、「假的新聞」……政治人物的承諾、對國際外商投資……都可以換個承辦人就一夕推翻，整個台灣社會哪裡能有誠信、道德？哪裡有禮義廉恥的存在？台灣人在台獨、民粹和毒新聞操弄下，會再沉淪很久，持續內鬥、內耗，直到「康熙」來了，以一國兩制救台灣！

但台灣曾經有偉大的理想，有美好的遠景和願景，我們曾有信心要「解救大陸同胞」！看下章「統一理想到幻滅獨台」，這是國民黨搞統一的重要轉折。

注釋：

注一：張瑋珊，〈我如何從感性「台獨」變為理性統派〉，《遠望》雜誌第325期（二〇一五年十月），頁一九—二四。

注二：阿修伯，〈民主掩蓋民粹、台獨掩蓋歸日〉，《國是評論》第264期（二〇一五年七月一日），頁八五—八六。

注三：盛治仁，〈民主與民粹、你分得出來嗎〉，《國是評論》第260期（二〇一五年三月一日），頁三一—三二。

注四：趙日新，〈霸氣沖天、民主掃地〉，《國是評論》第263期（二〇一五年六月一日），頁五三。

注五：王曉波，〈台灣民主的悲哀〉，《國是評論》第257期（二〇一四年十二月一日），頁四六—四七。

注六：李發強，〈台灣的危機與轉機〉，《國是評論》第259期（二〇一五年二月一日），頁三五—三九。

注七：丁錫鏞，〈民主壓力下的台灣困境〉，人間福報，二〇一二年十月十八日，五版。

注八：高希均，〈「新平庸」的跑道上停了一架「台灣號」〉，《遠見》雜誌第343期（二〇一五年元月），頁二六。

注九：同注八，頁二七。

注一〇：同注八，頁二八。

注一一：同注八，《遠見》，頁三十。

注一二：伊啟銘，〈就是《自由時報》在扯經濟後腿〉，《國是評論》第265期（二〇一五年八月一日），頁三〇—三一。

注一三：林建山，〈外資見到台灣就拐彎？〉，《人間福報》，二〇一五年十二月十九日，**B2**版。

注一四：同注一三。

注一五：人間福報，二〇一三年七月二十五日。

注一六：陳文茜，〈虛假共和國〉，人間福報，二〇一三年十月七日，人間百年筆陣。

第六章　國民黨：從統一理想到獨台幻滅與重生機會

當一九四九年中華民國退守台灣，老校長　蔣公理應「心裡有數」，是回不去了，這是對中國歷史有些初步理解的人就知道的基本知識，但為了凝聚民心，也讓國家有目標、有方向，必須以「反攻大陸」做基本國策，才能穩住現狀，「維持現狀」；若不如此，當時台灣必進一步土崩瓦解，快速滅亡。

中國歷史上任何朝代，舉凡中原大陸版圖丟失，淪落至邊陲的地方政權，縱使存在「收復失去、恢復統一」理想，也都力不從心而中道崩阻。例如，三國孔明的「復興漢室」，明末鄭成功的收復台灣後「反清復明、北伐統一」大業，一九四九年後國民黨，「反攻大陸、統一中國」都同理同結局，所謂「同理」，是這些處在邊陲的政權，其綜合國力資源已成「絕對弱勢」，第一代領導人（劉備、孔明、鄭成功、蔣介石）尚能採行「攻勢防禦」，維持團結安定局面，等第一代強人走了，內部便快速分裂而解體，只有等待被統一，別無活路了。

一九四九年後的中華民國，還有國際上不能克服的難題尤其在「中美共同防禦條約」簽訂後，蔣公心理更清楚，回不去了，要老死台灣，因為美軍駐台雖為「防共」，也為「防蔣」，不准國軍有任何「反攻大陸」的舉動。但這種事，不能說、不能提，只有最高層的幾個人知道，到了蔣經國的「三民主義統一中國」，其實等於用「藝術的政治語言」，告訴大家「我們不要反攻大陸」了！

是故，在兩蔣時代也是一種不得已的「不統不獨不武」。不統，能力不足和美國阻止；不獨，蔣公就是死在邊陲也不能當漢奸；不武，國軍的能力不足以打越海作戰，如果第七艦隊歸國軍全權指揮，或許在韓戰時有機會。

居於諸多原因，兩蔣時代的兩岸關係，本質上也是「維持現狀」，才能維持內部安定，好好在經濟上建設台灣，至於反攻大陸、統一中國，當成一種「願景」、「理想」，讓國人保有美夢，不是說「人生有夢最美」嗎？統一中國之夢一直維持到李登輝頭目執政之初。

美國艾森豪總統訪華蔣中正總統在機場歡迎時所攝

民國 37 年 12 月年由貴州運載航空發動機製造廠遷廠設備等工業設備來台灣的空軍 C-46 運輸機

民國 38 年 2 月參予由上海運載國庫黃金、銀元、美鈔等外幣來台灣的海軍軍艦之一的（峨嵋艦）

壹、李登輝和《國統綱領》、「九二共識」

蔣經國已投胎轉世到哪一個世界？吾人不得而知，但人一生中所有行為（佛法叫「業」）會隨著流轉輪迴，故說「半點帶不走、只有業相隨」，這也是因果律的道理。蔣先生心中應該只有一個遺憾，他竟找了一個漢奸來接班，這個漢奸李登輝在尚未露出「漢奸相」時，把蔣先生騙得死死，這是蔣先生心中最大的痛，這種遺憾痛苦當然也隨業流轉，至今如何？唯佛能知。

唯所有台灣人都知道，李漢奸在尚未變成漢奸時，他仍是「堂堂正正的中國人」、「堂堂正正的國民黨領導人」，心中存著「統一中國」的理想，才會在他手上產生《國統綱領》和「九二共識」。雖然後來他說這些是用來騙中國人的，那是他改變主意要當漢奸、當日本皇奴，一個人有這樣翻天的轉變，只有精神病的人格分裂症可以解釋，「李登輝問題」暫且不表。

但至少，《國統綱領》和「九二共識」，都是憲法和國民黨的重要論述，可謂是國民黨「搞統一」最重要的文獻說明。二〇一四年的「蕭習會」。二〇一五年的「朱習會」

和「馬習會」，都在深化「九二共識」、「一個中國」的核心價值。

《國統綱領》的制訂，先於「九二共識」一年。一九九一年二月廿三日，我國家統一委員會通過《國家統一綱領》，復經行政院一九九一年三月十四日第二二二三次院會通過，成為我方大陸政策最高指導願則。「九二共識」，則是一九九二年十二月三日，我方海基會與大陸海協會交換函電的文獻。

就時間言，《國統綱領》先於「九二共識」；就內容言，《國統綱領》比「九二共識」具體，且為「九二共識」主要內涵，特將《國統綱領》全文刊布。

《國家統一綱領》

壹、前　言

中國的統一在謀求國家的富強與民族長遠的發展，也是海內外中國人共同的願望。海峽兩岸應在理性、和平、對等、互惠的前提下，經過適當時期的坦誠交流、合作、協商，建立民主、自由、均富的共識，共同重建一個統一的中國，是此認識，特製訂本綱領，務期海內外全體中國人同心協力，共圖貫徹。

貳、目標

建立民主、自由、均富的中國。

參、原則

一、大陸與台灣均是中國的領土，促成國家的統一，應是中國人共同的責任。

二、中國的統一，應以全民的福祉為依歸，而不是黨派之爭。

三、中國的統一，應以發揚中華文化，維護人性尊嚴，保障基本人權，實踐民主法治為宗旨。

四、中國的統一，其時機與方式，首應尊重台灣地區人民的權益並維護其安全與福祉，在理性、和平、對等、互惠的原則下，分階段逐步達成。

肆、進程

一、近程——交流互惠階段

1. 以交流促進了解，以互惠化解敵意；在交流中不危及對方的安全與安定，在互惠中不否定對方為政治實體，以建立良性互動關係。

2. 建立兩岸交流秩序，制訂交流規範，設立中介機構，以維護兩岸人民權益；逐步放寬各項限制，擴大兩岸民間交流，以促進雙方社會繁榮。

3. 在國家統一的目標下，為增進兩岸人民福祉：大陸地區應積極推動經濟改革，逐步開放輿論，實行民主法治；台灣地區則應加速憲政改革，推動國家建設，建立均富社會。

4. 兩岸應摒除敵對狀態，並在一個中國的原則下，以和平方式解決一切爭端，在國際間相互尊重，互不排斥，以利進入互信合作階段。

二、中程——互信合作階段

1. 兩岸應建立對等的官方溝通管道。

2. 開放兩岸直接通郵、通航、通商，共同開發大陸東南沿海地區，並逐步向其他地區推展，以縮短兩岸人民生活差距。

3. 兩岸應協力互助，參加國際組織與活動。

4. 推動兩岸高層人士互訪，以創造協商統一的有利條件。

三、遠程——協商統一階段

成立兩岸統一協商機構，依據兩岸人民意願，秉持政治民主、經濟自由、社會公平及軍隊國家化的原則，共商統一大業，研討憲政體制，以建立民主、自由、均富的中國。

中華民國八十年二月廿三日
國家統一委員會第三次會議通過
中華民國八十年三月十四日
行政院第二二二三次會議通過

《國統綱領》和「九二共識」，都是在李漢奸尚未成為漢奸時，親自主導為完成中國統一的歷史記錄，他竟一夜推翻，只有老番癲、精神分裂可以解釋。前台大法學院院長許介鱗先生，他是李漢奸的外交智囊，都是親倭派份子，尚存是非之心，還有可敬之處，他著書批評李漢奸：「坐了黑金，又受日本右翼影響，帶給台灣『不和平』的後遺症，嚴批李十二年施政過大於功，指李執政時，因為親近富商巨賈，帶給台灣社會風氣，造成黑金政治橫流，外交敗筆連連，徒然使得國家做了凱子，而一些刺激中共又無實質助益動作，使得國防軍費大增，造成國庫責擔沈重，蔣經國執政時期盈餘當有三百六十億元，李執政十二年，前款花光外，國庫負債二兆四千億元，造成國家今天負債累累……」（注一）這是李番癲同路人的批判，總不能再說是統派抹黑了。台灣有很多人心中不平，為什麼像李登輝這樣邪惡又不要臉的人，壞事幹盡，台灣會有族群分裂，會有黑金政治，會沉淪到今天的地步，都是從這個「人形獸」李漢奸開始，而他的家人至今享受著尊貴的生活，很多人在等他一死要放煙火慶祝。

佛教對這種事有所解釋，謂李漢奸前世做了好事，積存很多功德，至今尚未用完，就好像一個壞人，但他有存款，也有祖產，不能說他幹了壞事，就無權提出銀行存款花用！祖產也有權力承接，至於他這輩子幹的壞事，除人世法律制裁（不一定會）外，也要受因果報應，不是不報，時候未到，佛經《光明童子經》如是說：

一切眾生所作業，縱經百劫亦不亡；
因緣和合於一時，果報隨緣自當受，

另在《大般涅槃經》說：「作惡不即受，如乳即成酪；猶灰覆火上，愚者輕蹈之。」民國的慈航法師則說：「法性本來空寂，因果絲毫不少；自作還是自受，誰也替你不了。」確實，如台灣人口中常說：「各人吃飯各人飽、個人作業自己擔」！唯仍有疑惑，有人說李漢奸是基督徒，其實「因果」雖佛說，但非佛「發明」，而是佛悟得「發現」，因果如萬有引力，是宇宙間的真理，不論教派，眾生都受因果制約，有因就有果，沒有例外。

最大疑惑，李漢奸把二千多萬台灣人拖下水，整垮國民黨，終結中華民國，讓很多人活在水深火熱之中，一定有很多人因李漢奸製造的災難，而病、而跳樓、而死亡！難道他們活該乎？難道「共業」可以解釋？我想此已非本書論述範圍，待有心人去研究吧！

回到《國統綱領》和「九二共識」，至少這算是國民黨搞統一的具體表現，不能因李漢奸說那是用來「騙人的」就不算數。經過國民黨歷任領導和大陸領導，多次深化、宣誓「一中」、「一個中國」已成台灣唯一的出路，不是不成，時候未到！

貳、國民黨的「獨台」困境，理想到幻滅

「統一」本來是全體台灣人共同的願景、理念，統一本來是很「正常」的事，如同大家的「家事」，隨時可以向朋友、鄰居閒話家常說說，但現在有誰敢說？有誰敢在「光天化日」下說出「統一」二字？有誰敢向不太熟的「朋友」說「統一」？曾幾何時？統一成了過街老鼠，這是國民黨人（統派）失職、失能、失智、失仁、失勇，乃至失格！難道永遠推給李登輝嗎？

才二十多年台灣人的思想就產生「質變」嗎？非也！這證明從「統一」到「獨台」，乃至台獨，完全是一種高層刻意的政治操作，人民如身處於「溫水煮青蛙」，無知無覺的被改變了，只有智者可以不受「毒素」入侵，國民黨這種「獨台」困境，不僅使國民黨的統一理想走向幻滅，根本也是給台灣政經帶來災難，如《遠見》的調查（如附表），結果是失去民心。

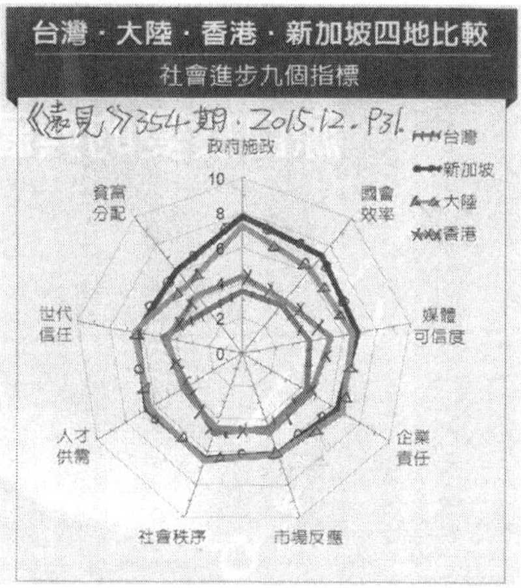

當然，造成這種結果的各項因素很複雜，二十多年統獨鬥爭搞垮台灣！搞垮國民黨！搞垮中華民國！壯大了民進黨，這個過程，完全是抗戰勝利後，共產黨搞垮國民黨、搞垮中華民國的策略運用再「複製」。所以很多人說，民進黨是小規模共產黨，而共產黨是大規模民進黨，這個觀察是對國共鬥爭史和台灣現狀，能深入理解的斷言。

很弔詭的，大陸時期共產黨鬥垮國民黨，奪走了江山；到了台灣，如今民進黨又鬥垮了國民黨，至少國民黨的「統一」成幻滅，二〇一四年九合一大選「徐蚌會戰」式慘敗，確是垮了。（注二）二〇一六年大選，國民黨連「主將」也派不出來，國民黨為何會敗成這個樣子？一定有根本性、本質性的原因。吾人簡化成主客兩方面原因，主觀是國民黨本身的問題，客觀者是外在的對手或敵人，就以「統一」理想的幻滅，造成「獨台」或「台獨」困境，略說之。

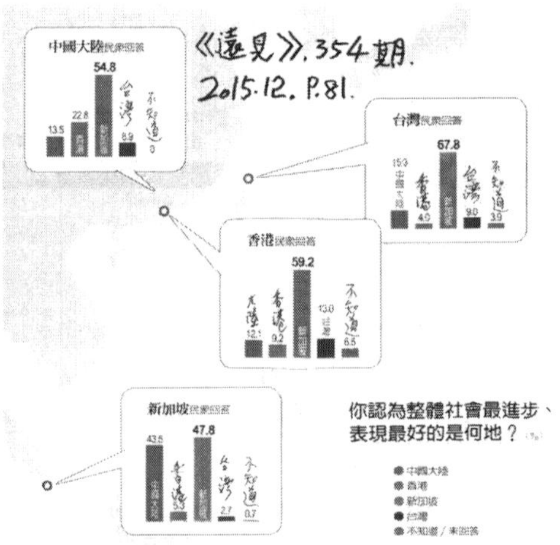

前面講到在李登輝端出《國統綱領》和「九二共識」時，「統一」仍是台灣最高的

共識。但如李漢奸說那些全是用來騙人的，等他大權在握、大位安穩，他的漢奸心態和日本皇奴的真相就顯現了，他啟動一系列「思想改造工程」，讓台獨勢力壯大，把台獨思想放到教科書裡，對統派進行一波接一波的鬥爭、醜化，包含「反中」、「反統」、「親日」，都在各層面進行鬥爭，李漢奸猛幹十二年，加陳水扁八年，台灣年輕一代幾乎都反統、反中、反國民黨，這是多可怕的結局。

前面所述是搞垮國民黨的客觀（對手、敵人）因素，由此可見那票台獨份子確是厲害，把國民黨殺得灰頭土臉，難有東山再起的機會，但一場戰役、戰爭的勝敗，本身才最需要檢討，不能一直說敵人多可惡，所以國民黨失敗到今天的困境，國民黨陣營（含統派支持者）自己要負最大責任，國民黨陣營到底出了什麼問題？

第一、「資產階級政黨」糾纏一輩子：當年共產黨搞垮國民黨用了兩大法寶（策略），一是把國民黨定位在「資產階級政黨」，一是把國民黨貼上「貪腐政黨」標簽，這兩大法寶，民進黨完全得到「傳承」，但前者是事實，後者一半是污名化，國民黨自建黨以來，成員和支持者大致上是中產階級，確實和廣大的人民群眾距離很遠，加上政治操作、抹黑，民心很快流失。

第二、貪腐污名糾纏一輩子：貪腐污名的殺傷力勝過百萬雄兵，偏偏大陸時期共產黨和台灣民進黨，都用這套「無形兵器」，打敗了國民黨，但平心靜氣想想，這三個黨在「貪腐」的比較上，以民進黨為「第一貪腐政黨」（阿扁八年為準），軍人升少將吳淑珍要三百萬，升中將要五百萬，文官商界拿的更多，這些都已不是秘密。而共產黨第二，在改革開放到胡錦濤執政之初，貪腐也很嚴重，之後開始「打貪腐」改善很多，國民黨（在台）當然也有貪污，三黨相較國民黨反較「清廉」，為第三名，可惜被污過頭了。

第三、中產和資產階級習於安逸無戰力：大陸時期不提，以馬英九當家七年多以來，獨派從未停止思想戰，且一直以戰養戰，不斷批鬥抹黑抹紅國民黨，宣揚反中、台獨、親日理念。國民黨上下幾乎「打不還手、罵不還口」，沒有反擊，毫無戰力，沒有聲音，這很可悲！荀子的媽媽聽人說三次兒子殺了人，她就開始相信了，統派陣營連這種常識也不知道，實在可憐！不得不讓人說一聲：「垮得活該」！

第四、獨派玩的是「戰爭遊戲」，統派玩的是「民主遊戲」：二者有何不同？獨派玩戰爭遊戲，內涵㈠戰爭可不擇手段，可造謠（假情報）、可用毒新聞（誤敵）等；㈡敵我關係的零和賽局，非死即生；㈢可以不守任何規則。統派玩的是民主遊戲，內涵㈠尊守民主規則，手腳被綁住了；㈡把統獨關係當成「非敵友」關係，定位不明，造成內部混亂；㈢以為選舉真的是君子之爭，如此大的差別，獨派乃「玩死」統派！統派沒有敵我觀念！

第五、統派不團結、獨派始終團結：各黨內部都有派系，但差別很大，統派善於內鬥，支持者以高標準看待自己人，犯一小錯便罵到臭頭，不懂槍口要一致對外的道理，小有不滿就罵翻天。獨派雖也內鬥，但槍口從來團結對外，就算陳水扁、吳淑珍貪到失去政權，獨派何曾有一字批判？依然團結一致，這點統派要學習，才有東山再起的機會。

第六、馬英九不是政治鬥爭的料：任何戰役、戰爭，不論政治或軍事的，主將（領導、指揮官）的政治智慧和特質，必然高度影響結局，乃至決定性的導至成敗，馬英九是個君子、書生，只適合在沒有鬥爭的環境任職，碰上「高度無常的政治鬥爭」，完全只有打敗仗的結局，搞政治鬥爭的料必具重要的特質是「不要臉、死纏爛打」，歷史上的贏家如劉邦、毛澤東和現台灣獨派人馬，都有這種特質。「不要臉」是一種土匪性，不要受制於仁義道德，接近獸性，試想，君子碰到土匪、人性碰到獸性，就陷入「悲慘世界」了！

當然，國民黨的統一理想淪到今天的幻滅，可能還有許多主客環境因素可檢討，但以前述六項為重要，若能從前六項改進，超越獨派，結果會大翻轉，但，這機會太低了！幾乎不可能！除非進行「基因工程改造」！

參、柱姐的失落：國民黨連終極統一、一中同表也怕了

國民黨從去年「徐蚌會戰式」大敗以來，這一年來餘悸猶存，驚魂未定，竟連二〇一六年「台灣區擂臺賽」都派不出主將，眼看著獨派的空心菜躺著選，也穩當這個地方割據政權的領導。

立法院副院長洪秀柱姊姊，不願歷史重演「百萬男兒樹降旗、妾在深宮那得知」笑柄，毅然挺身而出，並以「憲法是終極統一」和「一中同表」，對抗蔡英文的「維持現狀」，國民黨一時因柱姊的清新形像，由下而上的振奮起來，似有「重整舊山河」的氣勢，連我都感到統派是不是「硬」起來了？「統一」終於可以在光天化日下大聲說出來了！

《國是評論》264期封面 2015.7.1.

不料，國民黨「高層」認為「終極統一」過度解釋憲法，「一中同表」不合黨的政策。竟在二〇

一六決戰前數十天，陣前換將的「換柱」了，引來島內一片嘩然！朱立論主將能否改變戰局？能否挽救國民黨於危亡？人總要存著一絲希望，不能凡事往絕望處設想！

但本文要計較的是，洪秀柱「憲法終極統一」為何不合國民黨高層之意？不論是憲法或《國統綱領》，都在追求中國最終的統一，如果一定要做概念分析，陳長文先生認為「終極統一」與憲法，有99％符合，若有「過度」也只有1％過度。（注四）更何況洪秀柱不是第一個說「終極統一」的，馬英九和李漢奸都說過，李登輝在還沒成漢奸時，一九八九年四月十三日接見法國訪賓時說：「中國只有一個，將來必定統一！」（注五）但這些李漢奸說都是騙人的，所以李漢奸不僅騙了中國人，騙了台灣人，更騙了法國人，終極，李漢奸騙不了因果，騙不了地藏菩薩！應該也騙不了耶和華！否則耶和華就不叫耶和華！

「1％過度」尚存似是而非空間，憲法意涵並非數學、物理，1％從何而來？有誰能把計算過程寫出否？所以這1％根本只是「不成立的假設」，而真正的答案，只不過

許老爹的囑咐（註三）

親愛的朋友們：

我，九十七高齡，自知來日無多！但對國家、黨就此沉淪，實在心有不甘！眼看國民黨A咖高層，扭捏作態！

說什麼：「我沒有說要選、也沒有說不選」，如此猶豫不決、優柔寡斷，未選先輸的心態，如何能求得勝選？

即使當選，又如何領導全民、統帥三軍？我欣賞、敬佩，小辣椒洪秀柱，在A咖高層左顧右盼的時候，忍不住挺身而出！

效法　國父赤手空拳的革命精神，秋瑾先烈犧牲奉獻的勇氣，為拯救中華民國沉淪、國民黨崩解，毅然投入選戰！

我鄭重呼籲朋友們呼朋喚友共同支持小辣椒完成使命！

敬愛你（妳）的老朋友許歷農鞠躬

是國民黨高層的算計，國民黨認為「統一」是票房毒藥，因國民黨「習慣性的怯懦，風吹草動，只會在理念上節節敗退。」（注六）「終極統一」是很久以後的事，就嚇死國民黨高層領導，「一中同表」也別提了！只好讓央行總裁彭淮南說的「台灣五缺六失」，持續惡化下去，直到「康熙」來了！

在柱姊〈依道不依勢、依志不依力：洪秀柱正式登記參選聲明〉一文說，「我參選時曾經許諾，要給中華民國確立一條正確的道路，這條道路絕對不是我一個人獨行，而是本黨所有同志團結一起前進，我願做那帶頭承受逆風的大雁，引領一條正確的航向，只有我們不分彼此，奮鬥的旅程才不會寂寞，互相照顧，才能一起航向我們的夢想……請大家相信『依道不依勢、依志不依力』的道理……」

這「道」就是「正道」正確的道路，「統一」就是中國歷史的正道，只要走這條正道，眾志成城走下去，統一只是遲早的事。

在〈洪秀柱政見發表會內容〉，柱姊提到「絕不讓社會道德淪喪、民粹亡國」，有人問秀柱什麼對妳最重要？柱姊說：1、人格。2、找回台灣理性的力量。3、只有國家，沒有個人。4、不接受外界對國民黨的抹黑。

如今「柱」已換，但柱姊所談到那些「平常價值」，如真理般在人們心中迴響，國民黨不論誰當領頭的大雁，相信一致團結外對，必能奪回「統一」的話語權，黨是有救的，就算二〇一六年空心菜真的奪走大位，對國民黨乃至統一，也不全是壞事（詳見第三篇）。

小結：國民黨的重生機會

我雖嚴厲批判國民黨陣營，「玩死」了統一，造成統一理想的幻滅，陷入「獨台」困境，再下去就是亡黨亡國，但國民黨仍有重生機會，這種機會來自全黨有共識的和共產黨配合，做到以下「三個堅持」。

第一、堅持續繼深化「九二共識」，這部份在「朱習會」和「馬習會」已做到了，未來再深化，「深化一個中國」，「淡化各表」，統一終必達成。中國歷史發展規律中，雖有短暫分裂，但終必重回統一狀態，這是中國人有史以來，認為應當且必然的事。

台灣統派對統一的堅持須有鐵一般認識，九二共識就是堅持的基點。

第二、堅持配合「中國夢」大戰略完成統一（詳見第四章），因為對「統一」能產生強大「推力」，已在共產黨手上，不在台灣各黨派身上，台灣方面只能配合，乃至被「拖」著走向統一，無力抗拒，與其被拖、被迫，不如好好配合，何況這是中華民族偉大的復興，民族有前途，國民黨還怕沒機會嗎？

但在被拖、被迫著走向統一的進程中，台灣統獨各陣營都會爭相與北京拉關係套交情，只是各黨以不同面貌「顯相」，有時抗爭只是做個樣子給人看，那是「吃醋」的表現，也是「見不得人好」的心態。

統一問題已經拖太久了，再拖三十年（兩代）會有更多變數和困難，所以，必須堅

Q　何謂「九二共識」？「共識」的內容為何？

A　「九二共識」係指1992年11月台灣海峽交流基金會（成立於1990年11月21日，下稱海基會）及大陸海峽兩岸關係協會（成立於1991年12月16日，下稱海協會）就解決兩會事務性商談中，如何表明堅持一個中國原則的問題，所達成的以口頭方式表達的「海峽兩岸均堅持一個中國原則」的共識。

1992年10月28日至30日，兩會在香港商談中，就海峽兩岸事務性（公證書使用）商談中如何表述堅持一個中國原則的問題進行了討論。海協會的基本態度是，海峽兩岸交往中的具體問題是中國的內部事務，應本著一個中國原則協商解決；在事務性商談中，只要表明堅持一個中國原則的基本態度，可以不討論一個中國的政治涵義，表述的方式可以充分協商。

在香港商談中，海協會提出5種文字表述，海基會也根據「國統會」的結論提出5種文字表述。海基會雖也同意兩岸公證書是中國內部的事務，雙方均應堅持一個中國的原則，並表達謀求國家統一的願望，但在文字表述方案上，兩會很難達成一致。

在會談即將結束時，海基會代表又增提3種表述方式，並拿出最後表述內容：「在海峽兩岸共同努力謀求國家統一的過程中，雙方雖均堅持一個中國的原則，但對於一個中國的涵義，認知各有不同。惟鑒於兩岸民間交流日益頻繁，為保障兩岸人民權益，對於文書查證，應加以妥善解決。」還建議「用各自口頭聲明的方式表述堅持一個中國原則」。海協會代表表示，這是此次商談的主要成果，等把海基會的建議與具體表述內容報告後再正式答覆。

香港商談結束後不久，1992年11月16日，海協會正式發函海基會表示，「我會完全尊重並接受貴會的建議」，「現將我會擬作口頭表述的要點函告貴會：海峽兩岸都堅持一個中國的原則，努力謀求國家的統一。但在海峽兩岸事務性商談中，不涉及一個中國的政治涵義。本此精神，對兩岸公證書使用（或其他商談事務）加以妥善解決。」12月3日，海基會回函海協會，對達成共識未表示異議，兩會隨即開始為次年的「辜汪會談」做準備。

從上述商談及函電往來的過程與內容看，可清楚看到：1992年兩岸雙方確實在「海峽兩岸都堅持一個中國的原則」達成共識，但從未就一個中國的政治內涵進行過討論。既然沒有討論，也就談不上達成什麼「各自表述」的共識。正是在此基調上，雙方開展了事務性協商，並得以成功舉行1993年在新加坡的「辜汪會談」，簽下一系列兩岸交流與合作的協議。

泰山不辭土壤成其高 黃河不擇細流成其大

國家統一須要幾代人的努力

官校44期 陳福成學長

「回首來時路
不忘黃埔情
初衷抱懷榮譽在心」

時光飛箭，歲月如梭。身為黃埔人，在鐵面無私的時間面前，我常問：辜負了人生光陰？辜負了自己對國家的使命天職？我一向嚴格要求自己，這是個人的從嚴律己。

對於我期同學，仍然秉持黃埔精神，我也「從嚴要求」，從嚴提問所有同學並互勉：過去十年同學你做了什麼？是否和十年前一模一樣？我們為國家民族做了什麼？我們以「黃埔人」的身份立場又做了什麼？這是多麼嚴肅的提問，吾等一輩子以「黃埔人」自命，從年輕時代便誓言要「發揚吾校精神」，同學們「不忘初心」，我們當然要以超高標準來檢視自己，是否對目前的國家處境或民族興盛大業，還有可以盡心盡力的地方？當然，很多同學會質疑，「我們都退休了，還能幹什麼？」這確實，本期同學最末一個學號是「44、649」黃明正同學，除少數中途離校，畢業者應有六百多人，經過四十年，只剩一個參謀總長嚴德發同學，站在國防軍事的金字塔最頂端，孤軍奮戰中，其他同學全都「解甲歸田」，部份仍在民間業界工作，多數已在家養老、遊樂，所以「我們還能幹什麼？」

近百年來，我們黃埔人「祖、父、子、孫」四代在做什麼？我們四代人以「接力賽」的精神，一代傳接一代，前仆後繼，視死如歸，午夜思之，我領悟到，四代人做的是「一件事」，那一件事，一言以蔽之，曰：「抵抗外患、民族復興、國家統一」，這一件事未完成，那一個黃埔人能放得下一顆心，但畢竟人生短暫，而民族復興與國家統一大業，常是百年或更長久的一個漸進過程。

換言之，我們年輕時代立志要完成的神聖使命，其實是幾代人才能完成，非一代人就能畢其功，所以，同學們都退休了，退休比在職可做的事更多，退休可發揮的空間更大，「軟實力」、「間接路線」更好揮灑，也更方便，大家要發揮「軟實力」（文化、經貿、學術、體育、商旅、文學、藝術、詩歌等），促成兩岸交流、和解、合作，最終達到統一目標。實際上，我也看到同學早已在發揮這種影響力，路復國同學經由同鄉會交流，廣義輝同學透過學術交流，奔走兩岸，他們「不忘初心」，退休後仍本黃埔人信念，為兩岸交流和平做出貢獻，真是可敬可佩！期盼所有同學，所有黃埔人能不忘初心，一個人便是一股力量，泰山不辭土壤，所以成其高；黃河不擇細流，所以成其大，這是黃埔人共同的歷史天命。

原刊《黃埔校友》會訊第78期（104.7.1.）
再轉刊《湖南文獻》總第172期（105.10.15）

持深化「九二共識」基礎，再堅持配合「中國夢」大戰略，才能管控變數，保證完成統一的神聖使命。

第三、堅持不獨、寧共不獨與一國兩制。「寧共不獨」，因為你是中國人，你是中華民族炎黃子孫，當「中國人」比當任何種人光榮，故堅持不獨，寧可共產黨人同一國，這種情形可能是到了必須接受「一國兩制」，但一國兩制可能面臨一個大選擇，「中華民國」要如何「處理」，要或不要？孫中山孫女大概有答案了。

從第五章講《國統綱領》到本章統一幻滅，這幾十年來的統獨大鬥法，再往前推到「反攻大陸」和「三民主義統一中國」。這之間有太多正反兩陣營的節目熱鬧上演，有的也轟動國際，但從大歷史的長期（50年、100年以上）觀察，發現大家都好像在「白做工」，反攻大陸未反成！三民主義統一中國也未統成！李漢奸賣台未賣成！獨派也罵馬英九賣台，到底賣掉了什麼？也說不清楚！顯然大家只是說說，反

孫中山孫女：中華人民共和國就是中華民國
自由時報 2015.十二.八. A4版
立委：她祖父創的中華民國亡了嗎
新聞評註：這些台独份子不是要消滅中華民國嗎？現又關心中華民國？

正都是「白做工」！

為什麼台灣所做都是「白做工」？因為兩大強權早已決定了台灣的未來，台灣人從來無權決定台灣前途。

注釋：

注一：聯合報，民國九十年十月二九日，第三版。

注二：二〇一四年底，台灣地區九合一大選，國民黨大敗，媒體形容是「徐蚌會戰式」大敗，為何同類型戰役會連輸兩次？詳見二〇一四年十一月三十日，台灣地區各報導。

注三：《國是評論》第 **264** 期（二〇一五年七月一日），頁二六。

注四：中國時報，二〇一五年十月五日，**A16** 版。

注五：同注四。

注六：同注四。

第七章 兩大強權早已決定了台灣命運

——台灣人應該認清自己也是中國人

本篇各章講的是國民黨怎樣搞統一?搞成了「不統、不獨、不武」,搞成悲慘的現狀,從歷史經過也述及反攻大陸、三民主義統一中國、《國統綱領》、「九二共識」等,每一次的政治運動,都像長江黃河之水翻起驚天動地的巨浪。

事過境遷數十年後,從中國大歷史(五十年、百年的視野)回頭靜思,那些,似乎都是「白做工」了!反攻大陸反了嗎?三民主義統一中國統了嗎?《國統綱領》出生不久就死了!統獨兩陣營爭相賣台又賣掉什麼?只在原地爭執「九二共識」的存在與否?換言之,搞了數十年,幾代人的生命消逝了,統者未統,獨者未獨,都是「白做工」,且原地沉淪,等著最後的「康熙」來收拾殘局(統一),這只能說是中國歷史上偏安政權的宿命。

另外，再從現實的國際強權政治看「台灣問題」，從百年前的「台灣民主國」，到一九四九年後的中華民國，台灣地位從來都是強權決定算數，台灣人（所有居住者）都無權決定要統要獨，因此，台灣人所有作為都是白做工，白幹了！

本文僅針對一九四九年以來，地球上的兩大強權（或大國），如何像打麻將那樣的打「台灣牌」。台灣人的去來只有打的人的獲利心態，兩強打牌當然只顧自己的「國家利益」，尤其當中國崛起，中華民族復興了，台灣到底是被G2（兩強）「撕裂」，還是被祖國完全收留（統一）。這個問題在二〇一六年開始，必然更熱鬧了，我以史官身份靜觀其變，亦秉筆直書。

壹、一九四九年前後風雨中的飄搖與中美共關係

國共內戰打到一九四九年初，徐蚌會戰（中共叫「淮海戰役」），至元月六日陳官莊決戰，國軍全軍覆滅，五十萬大軍被全殲，杜聿明被俘，邱清泉繼黃伯韜後殉國，蔣公知大勢已去，無可挽回。

為日後復興計劃，元月十日派蔣經國到上海，與中央銀行總裁俞鴻鈞接洽，把中央

庫存準備金運到台灣。（注一及見前章開始圖片）。而此時國共仍在「和談」，元月十四日，毛澤東發表〈關於時局的聲明〉，必須在下列八項條件下才能進行和平談判：

㈠廢除偽憲法；
㈡懲辦戰爭罪犯；
㈢廢除偽法統；
㈣依據民主原則改編一切反動軍隊；
㈤沒收官僚資本；
㈥改革土地制度；
㈦廢除賣國條約；
㈧召開沒有反動分子參加的政治協商會議，成立民主聯合政府，接收南京國民黨反動政府及其所屬各級政府的一切權力。（注二）

看以上毛澤東的八項條件，當知此時老毛心中斷定「國民黨已經沒有資格談條件了」，只有把大位江山全部讓給他。所謂的「民主原則」、「民主聯合政府」，不過是一種「戰爭手段」，到五月，長江流域防線——漢口、上海皆岌岌可危，六月仍在「和談」，七月蔣公訪菲、韓，共議對抗共產主義。

就在一九四九年前後，當中華民國在風雨中飄搖之際，身為盟友並對中國有巨大影響力的美國，開始顯露「投機者」面相，政壇上有一派如駐華大使司徒雷登（**John Leighton Stuart**），以為毛澤東會成為中國之狄托，故主張和中共妥協，如此美國即可獲得與中共通商之利。（注三）是故，當一九四九年春，國民政府自南京遷往廣州之際，司徒雷登大使卻滯留南京，並於六月底與中共代表黃華接觸，六月三十日，毛澤東發表〈論人民民主專政〉一文，表示要向蘇聯「一面倒」：

帝國主義的侵略打破了中國人學西方的迷夢。很奇怪，為什麼先生老是侵略學生呢？中國人向西方學得很不少，但是行不通，理想總是不能實現……但是蘇聯共產黨是勝利了，在列寧和斯大林領導之下，他們不但會革命，也會建設，他們已經建設起來了一個偉大的光輝燦爛的社會主義國家，蘇聯共產黨就是我們最好的先生，我們必須向他們學習……（注四）

中共表明要向蘇聯「一面倒」的立場，致使企圖要向中共示好的美國有些猶豫，終於在八月五日，美國國務院發表（中美關係白皮書），全文長達一千零五十一頁，該文蓄意攻擊我政府，偏袒中共，妄稱：「中國局勢之演變，乃由於國共兩黨之爭權等，白皮書之公布對我軍民士氣打擊頗大。（注五）毛澤東抓住機會，八月十八日發表〈別了，司徒雷登〉，再把美國和司徒批（也酸）了一陣，但該文也見老毛的宏觀視野：

> 美國出錢出槍，蔣介石出人，替美國人打仗殺中國人，借以改變中國為美國殖民地的戰爭……中國是亞洲的重心，是一個具有四億七千五百萬人口的大國，奪取了中國，整個亞洲都是它的了……人民解放軍橫渡長江，南京的美國殖民政府如鳥獸散，司徒雷登大使老爺卻坐著不動，睜起眼睛看著，希望開設新店，撈一把，司徒雷登看見了什麼呢？除了看見人民解放軍一隊一隊地走過，工人、農民、學生一群一群地起來之外，他還看見了一種現象，就是中國的自由主義者或民主個人主義者們也大群地和工農兵學生等人一道喊口號，講革命，總之是沒有人去理他，使得他「煢煢孑立、形影相弔」，沒有什麼事做了，只好挾起皮包走路。（注六）

老毛這篇文章，若不去論國共鬥爭，還是有很高的「全球戰略視野」，就算放在廿一世中國崛起的「中美鬥爭」，也有「國家戰略」的高度。例如該文說：「美國確實有科學，有技術，可惜抓在資本家手裡，不抓在人民手裡，其用處就是對內剝削和壓迫，對外侵略和殺人，美國也有『民主政治』，可惜只是資產階級一個階級的獨裁統治的別名……」（注七）直到半個多世紀後，東西方政治學者才看出西方民主政治的問題，就這點老毛看得很準也很先進。

一九四九年十月十二日政府自廣州遷重慶，十一月二十日李宗仁逃至香港，不久去美國。十一月二十九日政府又遷往成都，十二月二十七日成都撤守，政府遷往台北。一九五〇年三月一日，蔣公在台復行視事，中樞得以鞏固，奠定未來反攻大陸的基礎。

中共政權成立後，美國的領導階層認為台灣陷共是遲早的事，一九五〇年元月初通令外館，說明台灣對美國國家安全戰略不具重要性，杜魯門在記者會說：「台灣不是獨立的，是中國政府統治下，中國之一部份，而美國是繼續承認中國政府。」不再對台灣的中國軍隊提供軍事援助或意見（注八）杜魯門之意，清楚的表示「台灣是中國的一部份」，所以不能再支持台灣的「中國軍隊」，而會承認中華人民共和國和老毛的「中國政府」。中華民國在台灣的處境將更加困難，台灣不拿下來，中國永遠不算統一，戰爭永遠不會結果。

貳、韓戰：美國改變對華政策，中華民國得救

二戰結束後，美蘇同意蘇聯軍隊在朝鮮北緯三十八度線以北接受日軍投降，美軍則在該線以南受降，一九四七年，「兩韓」尋求統一失敗後，一九四八年八月南朝鮮在美國支持下成立「大韓民國政府」；是年九月，北朝鮮也在蘇聯支持下成立「朝鮮民主主義人民共和國政府」，從此韓國的分裂正式形成持續至今。

一九五〇年六月廿五日，急於完成統一的北朝鮮大軍南進，韓戰爆發，同時改變美國的亞洲和對華政策。七月八日，杜魯門指派麥克阿瑟將色為駐韓聯軍總司令（Commander-in-Chief of The United Nations Command in korea），下令第七艦隊巡弋台海，除防止中共對我外島發動軍事行動，亦阻止國軍乘機反攻大陸，並宣佈台海「中立化」。（注九）進而指出「有關台灣地位的確定，有待該地區恢復穩定和平，或者簽訂對日和約，或者由聯合國討論決定。」但杜魯門亦請國務卿艾奇遜公開引述〈開羅宣言〉及〈波次坦宣言〉強調：「中國管理台灣已達四年之久，美國或任何其他盟國……，

從未發生疑問……大家都認為那是合法的。」因此，「台灣是中國的，絕不容懷疑。」（注一〇）對於美國的說法，台北方面也在六月二十八日發表聲明：

㈠原則上暫停對大陸之海空軍軍事行動；

㈡台灣屬於中國領土之一部分，美國政府之建議應不改變開羅宣言中預期的台灣地位，亦不影響中國對台灣之主權；

㈢中國政府接受此一提議自不影響中國反抗共產主義侵略及維護中國領土完整之立場。（注一二）

從以上經過，可知美國曾企圖以「台灣地位未定論」說法，但終以「台灣是中國領土之一部分」最為肯定，且在韓戰爆發後為圍堵共產主義，開始軍援台灣，並支持中華民國在聯合國的席位。一九五二年在台北設立軍事顧問團，成立「聯防互助協定」（Agreement Relating to the Furnishing of Certain Military to China for the Defense of Taiwan），直到斷交、徹軍。

韓戰暫時停止美國對中共的遐想，但從未停止想要和中共建交的念頭。一九五五年四月，亞非會議第一次會議在印尼萬隆召開，又叫「萬隆會議」（Bandung Conference），會議通過「萬隆十原則」，其中之一是「以和平方法解決一切國際爭端」，中共代表周恩來提出「和平共處五原則」，並表示願意和平解決台灣問題，願與美國就遠東情勢舉行會議，美國見機不可失，認為這是和中國建立關係的大好機會。

從一九五五年八月開始，美國派出大使級官員和中共代表，在日內瓦、華沙等地談判，到尼克森上台為止雙方談判百餘次，雖無具體結果，卻有大使級的會議關係，也顯示國際政治的現實，當這兩強會談有了結果，都合了自己的利益，台灣被放棄本來就是「必然」。

參、越戰：尼克森、季辛吉，用台灣換取越南

越戰是二戰後，美國介入最深、派軍最多和傷亡最慘重的戰爭，一九六九年初尼克森上台，就以「放棄」越南為目標，即所謂「越戰越南化」（Vietnamization of War）政策。（注一三）尼克森的思維當然居於美國利益，當時對美國最大的「兩利」，一是中蘇分裂已然出現，計劃經由接觸、談判，改善對蘇聯和中共關係，進而與中共和解，這

便是後來世人所稱「尼克森主義」（Nixon Doctrine，也叫關島主義Guam Doctrine，一九六九年七月廿五日，尼克森在關島對記者發表的聲明。）（注一四）

第二利要從越戰抽身，但越南問題的關鍵在莫斯科和北京，而不在河內，美國期望藉助蘇聯和中共對北越的影響力，使越戰越南化順利進行，美國才能抽身。

從一九六九年三月，中蘇爆發「珍寶島衝突」後，美國不斷向中共示好，表示不會聯合蘇聯對付中共，並開始放寬對大陸貿易和旅遊，中共也表示歡迎美方代表到北京會談，一九七一年七月九日到十一日，季辛吉（Henry kissinger）終於訪問大陸，此行季辛吉和周恩來會談中，做了下列重要承諾：

㈠美國承認台灣是中國的一部份，不支持台灣獨立、「兩個中國」或「一中一台」，但希望台灣問題和平解決；

㈡美國將在中南半島戰爭結束後，自台灣徹走三分之二駐台美軍，隨著美中雙方關係改善而減少在台剩餘美軍；

㈢美台共同防禦條約留待歷史解決；

㈣美國不再指責孤立中國；

㈤在聯合國問題上，美國將支持中共席位，但不支持驅逐台灣代表。（注一五）

尼克森於七月十五日正式對外宣佈季氏成果，並表示本人業已接受中共邀請，將在一九七二年五月以前訪問北京，美國打開中共之門，為了希望中共協助美軍撤離越南，但一九七二年初國安副助理海格（Alexander Haig）以先遣身份到北京，周恩來竟一再勸美國勿丟棄越南，當時北越計畫發動新攻勢。

一九七二年二月廿一日到廿八日，尼克森訪問大陸，與毛澤東有六十五分鐘會談，二十八日和總理周恩來在上海發表〈聯合公報〉，雙方除主張關係正常化外，台灣問題有如下表述：

美國認識到，在台灣海峽兩邊的所有中國人都認為只有一個中國，台灣是中國的一部份，美國政府對這一立場不提出異議，並重申中國人自己和平解決台灣問題的立場，基於此一考量，確認從台灣撤出全部美國武裝力量和軍事設施的最終目標，在此期間，美國將隨著這個地區緊張局勢的和緩，逐步減少在台灣的武裝力量和軍事設施。（注一六）

就前述，尼克森政府原想搞「兩個中國」未果，居於現實而有「一個中國，台灣是中國的一部份」之表述。實際上尼克森在飛往北京的途中，就已經白紙黑字寫出「用台灣換取越南」（Taiwan=Vietnam=Trade off）（注一七）。這筆大生意在當時確實合乎美國利益，只好犧牲台灣利益和越南的生存，但長遠看，促成越南統一，對中國未來的統一也是關鍵的一步，也是功德一件。

肆、美中建交與我斷交

一九七七年卡特入主白宮，開始進行與中共關係正常化為其施政目標。在此之前，從一九七三年美國和中共雙方已互設「聯絡辦事處」，美國實際上已採取「事實承認」，台北對美國的外交處於十分尷尬的地位，卡特一上台，布里辛斯基就建議卡特應遵守尼克森的「五項保證」，以利推動與中共建交：

㈠美國認知只有一個中國，台灣是其中一部分；

㈡美國將不支持台灣獨立運動；

㈢美國離開台灣時將保證不讓日本進來代替美國；

㈣美國將支持任何和平解決台灣情勢的方法，並反對台灣對中華人民共和國的任何軍事行動；

㈤美國將尋求與中共關係正常化並設法達到目的。

此一建議獲卡特同意，其中（三）不讓日本進入台灣取代美國的勢力，可見中共高層的深謀遠慮，一九七七年六月，對「總統審議24號備忘錄」（Presidential Review Memorandum 24,PRM-24），國務院亞太事務助卿赫爾布魯克指導下終於定稿，該備忘錄建議接受中共斷交、廢約、撤兵三個條件，於近期內完成關係正常化。八月，卡特派范錫到北京，向中共表達接受「三條件」；一九七八年初，美國重量級參議員甘迺迪等均鼓吹應和台斷交，五月國務卿范錫呈備忘錄給卡特，主張在當年（一九七八）底前完成關係正常化。

是時，美國急於經由和中共建交來制壓蘇聯，遂於一九七八年五月二十日，派布里辛斯基訪問北京，以期獲取更大合作以抗衡蘇聯勢力的擴張，布里辛斯基啟程赴北京之前，卡特明確指示他此行有兩大目的：

㈠繼續上海公報的商談，強調與中共關係是美國全球政策的中心，雙方有共同利益及平行而長程的戰略考量，美國決心與蘇聯進行有效競爭，這種競爭是長期的，而蘇聯的威脅是多面的；

㈡強調美國決心進行關係正化，接受中共三條件，並重申美方尼克森、卡特及布里辛斯基再度建議的五原則。

此舉顯示，美國已下決心選擇和中華人民共和國關係正常化、合法化；而進一步使中華民國在退出聯合國後，加速邊陲化、非法化，成為國際「孤兒」和「黑戶」。這一切，由於「中國只有一個、台灣是中國的一部份」，美國也反對台獨、反對一中一台、反對任何形式的「兩個中國」。從長遠看，美國走這條路是對的，合乎中國歷史發展的規律，合於全球十五億中國人的感情。當然，台灣一些台獨傾向的人，或一些不知道「我是誰？」的人，就不這樣想了！但很現實，兩強都要贏牌，只好犧牲台灣！

在布氏訪問大陸後，美方也開始賣給中共未能從蘇聯獲得的先進軍事科技和裝備，如 Landsat 紅外線掃描裝備。自此，美國也開始秘密支助中共軍力，用以對付蘇聯。但建交談判最難的一件事，是美國對台軍售問題，中共始終堅決反對，認為兩岸是中國內政，不容美國干涉。最後，到了一九七八年十二月十四日，鄧小平親自參與，鄧在十四、十五兩次和伍考克會談，中共竟讓步了，決定「按原計劃進行」建交，雙方先擱置售武問題，以後再解決。

這裡，我認為鄧小平太急了（事後美方人員也說），以致「失算」了，當時美國有求於中共，且自動「送上門」，鄧若堅持下去，美國「必定」讓步，因為美國急於要中國這位「朋友」，很急！小平同志還是失算了，才會有以後幾十年的「軍售」問題，吵得我老人家不安寧，說不定兩岸早已統一了。

所以，當領導的人，一個小小的「失誤」，可能給後面的人帶來無窮困擾，乃至禍害，如蔣經國選了李登輝，結果他不僅是雜種、日本皇奴、大漢奸，造成的「台灣災難」，至少影響一百年，可怕的李漢奸！

兩強「打牌」已到最後攤牌時機，華府時間一九七八年十二月十五日上午九時，美國和中共發表〈建交公報〉，宣布以下四點重要聲明：

㈠兩國將於一九七九年一月一日起建交；

㈡美國承認中華人民共和國為中國唯一合法的政府，在此範圍內，美國人民將同台灣人民保持文化、商務和其他非官方關係；

㈢美國政府「認知」（acknowledged）中國的立場，即只有一個中國，台灣是中國的一部份；

㈣雙方認為中美關係正常化不僅符合中國人民和美國人民利益，而且有助於亞洲和世界的和平發展。

事後中美又發表聲明，美國宣布將終止與台締結之共同防禦條約，依規定條約在一年後失效；保證繼續關心台灣問題的和平解決等，中共則重申「解決台灣問題，完成國家統一的方式，完全是中國的內政。」

卡特與中共建交前七小時，才令我駐美大使安克志，經由新聞局通知蔣經國，稍後卡特專電致蔣經國，重申為維持台灣的和平、繁榮和福祉……真是騙死人不償命，但那些驚濤駭浪的年代，台灣人很團結，全國上下無異心，才有了後來的「台灣奇蹟」，台灣人出國大把灑錢就像現在的大陸大款大媽大爺們！

伍、台灣關係法及是後的美中台關係

為保持與台灣的非官方關係，卡特政府在一九七九年四月十日簽署〈台灣關係法〉（Taiwan Relations Act），六月二十二日，卡特下令執行該法，但中共並不承認該法。

三十多年來，基本上按美中建交公報和台灣關係法維持美中台三邊關係，美國堅守「一個中國、反對台獨、台灣是中國領土的一部分」，並未產生動搖，根據美國副國務卿內格羅蓬特（John D.Negroponte），在國會「美中關係委員會」報告的一段文，很清楚明白：

> 美國的兩岸政策至今相當明顯，在海峽兩岸關係問題上的政策牢牢地基於美國與中國大陸的「三項聯合公報（注一八）」（Three Joint Communigues）和「台灣關係法」。這個政策歷經三十多年，七屆政府的交替一直延續並始終如一，現在也不會改變。美國認為，一個強大、穩健的台灣是該地區一支穩定、繁榮和民主的力量，但我們也清楚地表明：我們不支持台灣獨立，美國反對任何一方企圖單

方面改變台灣海峽現狀的行為，我們為要由海峽兩岸人民和平解決他們的分歧。（注一九）

內格羅特所述，幾可代表美國這三十多年所執行的兩岸關係，是故，陳水扁時期所搞的「入聯公投」、「一邊一國」或李漢奸的「兩國論」，都被美國視為「麻煩製造者」。但這不表示，台獨沒有想像空間，含內格氏那段話乃至「三項聯合報」，都有很多模糊空間。

這個模糊空間正是尼克森——季辛吉以來所謂的「戰略模糊」（Strategic ambiguity），美中台三方在這模糊情境中，各取所須，各得所要，維持了最起碼的和平狀態，可惜小布希政府受「中國威脅論」影響，把中國定位在「戰略競爭者」而非戰略夥伴，把新的中國政策稱為「戰略清晰」（Strategic clarity），公開承諾要防衛台灣，又說保持「一個中國」政策，北京對布希政府變得完全不可相信。（注二〇）

小布希對中國情勢的誤判，又受台灣李漢奸打著「民主」

新同盟會新北市第一分會浙江地區基層鄉里長交流參訪團合影。

牌假相所騙，真是笨得比豬還笨，他又將中美台三方關係前途，押在政治意識型態上，導至危險的戰略不確定，說來他比李漢奸的腦袋好不了多少！

一九九五年台海危機（李漢奸訪美、台灣入聯）後，柯林頓為補強與中共關係，邀請江澤民訪美，並在一九九七年十月廿九日簽署「中美聯合聲明」，聲明中指稱兩國建立「戰略夥伴關係」，美國堅守一個中國政策，導守中美三項聯合公報的原則，接著在一九九八年六月三十日，柯林頓訪問中國時，在上海公開發表「新三不政策」：

㈠**不支持台灣獨立。**

㈡**不支持一中一台或兩個中國。**

新同盟會高雄分會參訪團參觀福建永定土樓後留影。

新同盟會嘉義分會北京參訪團於北京北海公園合影。

㈢不支持台灣加入以國家為會員資格的國際組織。（注二一）

柯林頓的「新三不」，為美中建交以來，美國總統首次將不同場合、不同層次官員發布的政策整合後公開宣布的政策，此舉，等於在台灣身上綁了多條繩索再加一條，看台灣人能耐何?搞台獨連空氣都不給呼吸!吾友將軍博士虞義輝教授，深入研究美中台關係，最後結論之一說：「對台灣而言，可以發現不論是從中國歷史的角度，從台灣自主的角度，或是從兩岸關係的角度來看，台灣似乎從來都不是一個可以自己決定自己命運的地方，而是不斷的受著外力影響，甚至受外力支配。」（注二二）

確實，這正是本文想要解答的命題，兩個大（強）國的公報、政策，強調最多的是「一個中國、台灣是中國領土的一部分、反對台獨、反對一中一台」等，台灣除了是中國的一個「省」、「地區」，還能怎樣?越掙扎受傷越重，回到中國，當一個堂堂正正的中國人才是王道，中國才是台灣人的祖國，台灣人的家。

注釋：

注 一：秦孝儀主編，《中華民國政治發展史》第三冊（台北：近代中國出版社，民國七十四年十二月二五日初版），頁一四四二。

注 二：《毛澤東選集》第四卷，北京：人民出版社，一九六九年五月北京第六次印。頁一二八〇。

注 三：狄托主義者，因狄托脫離共產集團之控制，而獨行其是，既不屬於蘇俄附庸之範圍，亦不放棄共產主義教條之謂也。

狄托（Tito）原非真名，其真名為布蘿札維（Josip Brozavich）或布羅次（Broz）。狄托生於一八九二年，幼時系鐵工學徒，在第一次世界大戰時，被奧國徵入奧軍，其後被俄軍所擄，於是在俄國成為共產黨並為紅軍作戰，一九二〇年狄托回到南斯拉夫，成為共產黨之組織工作者，因是又被囚數年。其後狄托被釋放，乃於一九三〇年間，開始進行勞工運動，並在西班牙內戰期間，招收巴爾幹反法西斯主義者組成國際軍，參加戰爭。

第二次大戰爆發後，南斯拉夫為納粹軍隊所佔領，狄托遂在米卡洛維次Mikhailovich 領導之游擊隊中工作。但狄托對米卡洛維次的右傾主義殊為不滿，於是變為左派方面之首腦，並自行組成游擊隊伍，一面與納粹軍隊作戰，一面又與右派游擊隊為敵。但不久之後狄托成為南國人民軍之大元帥，一九四三年並組成南國國家解放委員會，以與國王彼得的流亡政府相抗衡。由於狄托在巴爾幹方面的軍事成就，遂獲得盟軍的讚賞，迄一九四五年，南國獲得解放，狄托所領導的臨時政府，卒為盟國政府加以正式承認。

迄至一九四八年時，狄托因拒絕接受史太林的直接控制，充份表現其獨立自主之精神，深為克里姆林宮所不滿，於是蘇俄乃嗾使共產情報局（Comiform）決議驅逐南斯拉夫於局外，以為可以令其屈服。不料狄托發動南國共產黨的愛國觀念，使彼等皆接受其脫離共產集團之主張，同時又設法獲得西方國家之經濟支援，因是乃得岌然不動，而蘇俄卒亦莫可如何。

自狄托斷然擺脫蘇俄魔掌，獨行其是之後，狄托遂成為舉世聞名之國際風雲人物，而狄托主義（Titoism）亦成為國際上通行之術語矣。當大陸變色之日，西方人士每以認為毛澤東遲早可能成為狄托第二。以今日之事實而論，毛雖與狄托不同，而其與莫斯科分道揚鑣則一，又不獨分道揚鑣而已，且更浸浸焉欲取蘇俄之領導權而代之。故嚴格言之，固不能謂與狄托主義毫無影響也。

資料詳見：《雲五社會科學大辭典》第四冊《國際關係，台灣商務出版，民國七十四年四月增訂三版，頁一一四—一一五，鄧公玄。

注　四：同注二，頁一三五七—一三七一。

注　五：同注一，頁一四五三。

注　六：同注二，頁一三八〇—一三八七。

注　七：同注二，頁一三八四。

注　八：虞義輝，〈美對華政策之轉變與台灣關係法〉（自一九四九年迄今），《中華戰略學刊》九十八年秋季刊，民國九十八年九月三十日出版，頁二五四—二八一。關於一九四九年以來的美中台關係，諸多文獻有詳細記錄虞教授在這篇論文，簡要完整的論述，深植年輕一代品讀，對形成目前台灣內部的統獨鬥爭，定能打開更寬廣、更高遠的視野和心胸。

注　九：關於韓戰起因、經過、影響，詳見拙著〈韓戰研究〉論文，收在《春秋正義》一書，文史哲出版社，二〇〇七年十二月。

注一〇：同注八，頁二六〇。

注一一：同注一〇。

注一二：同注一〇。

注一三：同注三，《國際關係》，頁二八四—二九五。

注一四：同注一三，頁六九。

注一五：同注八，頁二六八。

注一六：同注八，頁二七〇。

注一七：同注八，頁二七一。

注一八：三項公報為：一九七二年「上海公報」、一九七九年「建交公報」及一九八二年「八一七公報」。

注一九：高孔廉、鄧岱賢，〈美中台三邊激盪下的兩岸關係〉，《中華戰略學刊》九十七年春季刊（民國九十七年三月三十一日），頁七六—一一二。

注二〇：王祿雄譯，〈華盛頓對中國政策的錯誤〉，《中華戰略學刊》九十一年春季刊〈民國九十一年四月一日〉，頁一八七—二一八。

注二一：江少偉，〈美、中、台三邊關係發展與我因應之道〉，《中華戰略學刊》九十七年冬季刊，民國九十七年十二月一日，頁四五—七九。

注二二：虞義輝，〈從兩岸歷史的互動探討台灣人民心理的認知〉，《中華戰略學刊》九十七年春季刊，頁一四三—一七四。

第八章 馬英九的功過

——兼論國民黨搞統一的大戰略芻議

國民黨搞統一搞到現在（二〇一五年底一六年春），似乎走入死巷，被獨派打的趴在地上，連當主將的馬英九不僅失去民心，且裡外不是人，被自己人罵到臭頭，被敵人批到毫無尊嚴，就政治戰這個「低層次」而言，馬英九確實打了敗仗，但人生的成敗可以從很多層次論述，秦檜、汪精衛、李登輝等，在他們得到「大位」的當下，不是成大功嗎？文天祥、岳飛、鄭成功、蔣中正等，以「結果論」看，不是慘敗嗎？

這兩個「成功組」和「失敗組」，若放到中國大歷史來評價，經過五十年、一百年、一千年的檢驗，結果就完全不同了，現在談馬英九或國民黨的功過，也是一個道理，國民黨二〇一四年「九合一」大選確是慘敗！人類歷史上所有的戰役（軍事戰、政治戰、選戰），勝敗一定可以從「戰略」二字找到原因：（注一）

唯廉不能治國，鮑叔牙和馬英九

陳福成

「禮義廉恥，國之四維，四維不彰，國乃滅亡。」是管仲的興國綱領，更是中國幾千年來不破之真理，任何統治者無不高舉「禮義廉恥」大旗，可確保社會安寧，國家安全，統治大位安穩。

弔詭的是，馬英九高舉「以廉治國」，身體力行，除自己清廉，更以清廉為「唯一標準」要求所有人，結果，2014 年的「九合一」大選，等於宣佈以廉治國澈底失敗，「唯廉」足以亡黨亡國，太奇怪了！

乾脆禮義廉恥都不要，如陳水扁以「無恥治國」，還是險些亡黨亡國，叫紅衫軍高舉「恥」字以救亡，神奇啊！這廉恥到底要不要？解鈴人要繫鈴人，話是管仲說的，看他如何詮釋「馬英九問題」！

周襄王七年（前六四五年），管仲病危時，齊桓公探望他，並詢問何人可以接相位？管仲反問：「國君最了解臣下了，您是怎樣打算的？」

齊桓公賞識管仲的才能，愛屋及烏，也欣賞管仲最好的朋友鮑叔牙，管仲年輕時貧窮，得到鮑叔牙很多幫助，可以說沒有鮑叔牙，就沒有管仲相齊的事業，齊桓公也未必能成就「五霸」之一！所以齊桓公第一個想到可以接任管仲相位的人，正是鮑叔牙。

管仲聽到齊桓公欲任鮑叔牙為相時，卻反對說：「鮑叔牙是個君子，以廉律己，善惡分明，這樣是不可以為政的。」

齊桓公又問：「易牙可以嗎？」

管仲說：「易牙為了自己的政治前途，討好國君，竟烹煮了自己的兒子，這種沒有人性的人還是離他遠一點較安全。」

齊桓公又問：「開方這個人如何？」

管仲答說：「衛公子開方這個人有太大的野心，他捨棄做千乘之國太子的機會，屈奉在國君之下十五年，父親去世都不回去奔喪，這動機太可疑了，如此，就人倫講，違反情義，沒有父子情誼的人如何能忠於國君？再者千乘之封也是極大榮耀，他不要，而俯就於國君，他必謀大於千乘之封的版圖，此人危險，要疏遠這種人，不能任為相國。」

齊桓公又問：「易牙、開方都不行，豎刁可以嗎？他寧可自殘身體來侍奉寡人，難道會對我不忠嗎？」

管仲說：「不愛惜自己的身體，是違反人情常理的，這樣的人不會真心忠於國君，重用這三人，對國家、人民都是禍害。」

管仲最後向齊桓公推薦隰朋，因此人「心地忠厚，不恥下問，居家不忘公事。」他是一個較能用平常心看待諸事的人，能兼顧情理法公私，可以為相。

後來易牙、開方、豎刁三人知道此事，心中惱怒，便一起去挑撥鮑叔牙，說管仲阻止齊桓公任命鮑叔牙，不能當朋友等等。

鮑叔牙笑說：「管仲薦隰朋，正說明他一心為國為百姓為社稷，不存私心，我現在做司寇，驅逐佞臣，正合我意，若我去接了相位，豈有你們三人容身之處？」

易牙等三人討個沒趣，也深覺管仲和鮑叔牙的交情，堅固如山，灰頭土臉的走了。

本文所要提示（不是解答）的，是從管仲不主張清廉的鮑叔牙接任相位，從這個高層次大格局來看馬英九，為何「以廉治國」會失敗？甚至成了「亡黨禍國」的罪人，此中原因很多很複雜，但也不難理解清楚明白的「根本性問題」，清廉講求到極致，必「水中無魚」，人才遠離，「廉」和「能」於是完全「脫鉤」，佔著大位而成「孤芳自賞的君子」，這種君子只有像筆者這種草民可以當才是福；凡當權居大位者，當這樣的君子都是禍。

管仲深知其理，故不薦好友接相位，老鮑也了解自己不能為相，不求為相（他若去「關說」管仲，定能得好友相助謀取大位，但他不會去關說，因為他是鮑叔牙）。

雖然馬英九「以廉治國」失敗，甚至不少評論說「都是廉闈的禍」，但「廉」仍然是人性、人情、政治、社會中，一個最高貴、珍貴的價值。

「廉」字要把握到何種程度？無人說得準，台大哲學系林火旺教授，有一篇文章〈泛道德化扼殺了道義；阿基師事件反思〉（人間福報，二〇一四年十二月十六日），或許是個啟示，「泛廉化」，也扼殺了各種執行能力，所有的事情都做不成了，只成了「人民的出氣筒」，可惜啊！

第 44 卷第 1 期 《湖南文獻》總號第173期 2016.1.15刊行

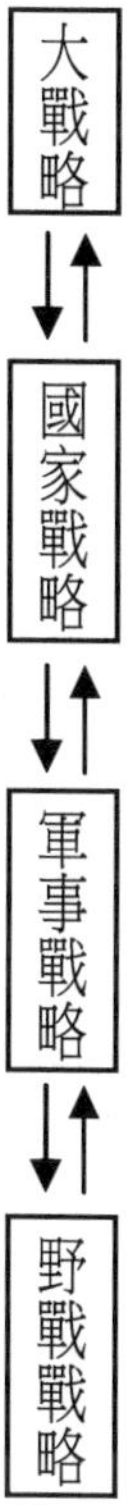

以馬英九執政的七年多來，這四個層次的戰略，國民黨不僅都犯了大錯，又不會善用資源優勢，造成「二〇一四年徐蚌會戰式大敗」。但若總結馬英九未來的歷史定位，在春秋大義史官之筆下，他依然有「大功」！這道理何在？

壹、馬英九的功過

「馬英九的功過」是一個未來式的命題，而不是現在的命題，因為現在是講不清的，各黨派詮釋不同，這是目前台灣的特色，若要談，也得從統獨兩陣營來說，才顯得我這「春秋史官」的公平和客觀。

當「馬習會」後，我兒子跟媽說：「馬英九把台灣賣掉半個了」，這正代表台灣這二十多年來，李登輝、陳水扁等台獨份子操弄台獨、去中國化、去中華文化化、搞親日皇奴漢奸化的成果，就像太陽花、反服貿那群年輕一代的想法，這些年輕的一代的學子，非理性的「反中」，不願意當中國人，不承認炎黃血緣關係，以當中國人為恥，真是很悲哀的一代。

所以，首先從「台獨」思維說馬英九的功過，目前蔡英文已經完全「收割」所有台獨思想的各階層勢力，從獨派思想評馬英九（國民黨），以「全無功勞」總結，而過則是「賣台」，如兒子說賣了半個台灣了，但若從獨派思維評「只賣了半個台灣」，還是很保守，我認為「三通」完成後已「賣了一半」，到「馬習會」後，台灣就被賣掉七成了，這種事是「不可逆」的，所以馬英九是徹徹底底的「賣台」。

其次，從統一思維說馬英九的功過，目前就連自己人的統派陣營，也把馬英九罵得臭頭，就連我這「春秋史官」，在取消軍公教年終獎金、亂砍退休金一事，我也罵他是豬八戒，完全中了敵人陷阱，此事若該做，阿扁八年為何不做？分不清敵我關係，犯了「政治天真癌」才導致慘敗，幸好，「三通」使國家統一前進了「50％」（完成一半），到馬習會後，統一的腳步向前了六七成，這個「統一鍵」按下去也是不可逆的，兩岸未來只有向統一前進了，沒有後退的空間。「化獨促統」是馬父的遺言，也是馬英九的事功，是他的歷史定位，至於有人說（也是兒子）他想得諾貝爾和平獎，這應該只是「附加價值」。

為什麼小小一個台灣，對同一件事看法差距如此之大，都是搞台獨的結果，我想，就算牛頓三大定律、愛因斯坦相對論，乃至三角、幾何、數學、物理、化學、天文……各科學，從台獨思維定有不同的意義。例如，《自由時報》就常用假數字創造假新聞，以醜化中國、妖魔化中國人為能事，這樣不斷宣傳二十年，年輕一代完全變質，就像「反課綱」學運，不就是「反中」甘為日本皇奴（承認殖民的合法地位），漢奸化而不自知，這真是這一代台灣人最大的悲哀！連自己的兒子都已嚴重的有台獨思想傾斜！

雖是悲哀的事，但我並不太介意，因為在大動亂（或末世）時代必然有這種事，潮流加上天意，人力不可為、不可改變。例如，三國時代孔明為蜀國效命，他哥哥為東吳效命；明末鄭成功的父親鄭芝龍甘為降臣，兒子鄭成功為「反清復明」而努力；民國宋氏三姊妹，分別在國共不同陣營堅守信念，但他們的血緣倫理關係「似乎並未受到太多傷害」，尤以孔明兄弟成為古今「典範」。

台灣情形已經是一種「末世亂局」，一如吾國歷代政權要結束之前夕，戰國之末的各國、漢末、唐末、宋末、元末、明末、滿清末年……是非不存、道德盪然、傳統價值崩潰、人無廉恥、人人自危、民族自信心病入膏肓，只等著被併吞（統一）。但台灣的情形不是被「活生生的併吞」，就像「美式民主」，是一種「冷水煮青蛙」，慢慢的必須接受統一的條件（如一國兩制）。

前面說馬英九的功過，歷史定位是「未來式」，這是中國歷史的傳統，每個朝代重要的人物功過評價，由後面朝代的史家論斷之。例如，宋亡，元人修《宋史》；元亡，明人修《元史》；明亡，清人修《明史》；清亡，民國史家修《清史》，這是吾國歷代「國史館」和史官的責任，惟《清史》目前只是《清史稿》，正式《清史》尚未完成，原因是民國以來國家多次分裂，各陣營史觀不同（如現在的統獨），故不能定稿，必待兩岸統一後，才有可能出現正式定稿的《清史》，這是為了保持客觀，也可見我國治史的慎重。

所以，現在談馬英九的歷史定位，包含其他政治人物，如蔣介石、毛澤東、鄧小平、蔣經國……要等中華民國和中華人民共和國「結束」後，下一個誕生的政權史家之筆，才是最後的定論，這是中國歷史特有的「春秋定位」，所依據的評量標準是孔子在《春秋》及三傳所提的「春秋大義」（或春秋正義）。

貳、成就歷史關鍵的一刻：馬習會

馬習會兩岸領導發言全文

一、馬英九：穿越六十六年時空，伸手相握

習先生，大陸與台灣代表團的各位女士、先生，以及在場的媒體朋友們，大家午安，大家好！

今天，我與習先生分別以台灣與大陸領導人的身分，穿越六十六年的時空，伸手相握，握著兩岸的過去與未來，也握著中華民族振興的希望，深具歷史意義。

二十二年前，也就是一九九三年的四月，台灣海基會董事長辜振甫先生與大陸海協會會長汪道涵先生在新加坡會面，簽訂了四個協議，為兩岸制度化協商打下了基礎。十二年前，也就是二〇〇三年的十月，我在「東亞經濟尖峰會」上，與新加坡建國總理李光耀資政對談。當時我們都認為：「兩岸的發展，要以人民的利益作為依歸」。

此刻，我和習先生相對而坐，共聚一堂。在我們背後的，是兩岸分隔超過一甲子的歷史；在我們眼前的，是這幾年來，雙方致力「以對話取代對立，以和解替代衝突」的成果；在我們手上的，是永續和平與繁榮的目標。此時

此刻，海峽兩岸正大聲向全世界宣示鞏固台海和平的決心，以及促進區域和平的訊息。

這六十六年來，兩岸在不同的體制下發展，能夠從軍事對抗轉為合作交流，絕非朝夕之功。七年多來，兩岸簽訂了二十三項協議，創造了四萬多學生交流、每年八百萬旅客往來與一千七百多億美元貿易的空前榮景。這些巨大改變的基礎，都在於「和平」。

歷史為兩岸留下了錯綜複雜的世代課題，這正是《尚書》所說的「非知之艱，行之惟艱」。對於各自堅持的敏感議題，需要雙方正視現實，以智慧、耐心與誠意務實處理。但是，我們依然能夠努力雙方這些年來建構的「制度性協商」之下，達成了兩岸和解與合作，推動了永續和平與繁榮，而這也是兩岸及國際社會所共同期待的。

今天，我願提出維繫兩岸和平繁榮現狀的五點主張：

第一、鞏固「九二共識」，維持和平現狀。海峽兩岸在一九九二年十一月就一個中國原則達成的共識，簡稱「九二共識」，「九二共識」是兩岸推動和平的共同政治基礎，正是因為雙方共同尊重「九二共識」，過去七年半來，我們才能獲致包括達成二十三項協議在內的豐碩成果與和平榮景，讓兩岸關係處於六十六年來最和平穩定的狀態。這一部分，等一下在會談的時候，我會再做進一步的說明。

第二、降低敵對狀態，和平處理爭端。兩岸目前已不再處於過去的衝突對立，雙方應持續降低敵對狀態，並以和平模式解決爭端。

第三、擴大兩岸交流，增進互利雙贏。目前兩岸尚未結案的議題，例如貨貿協議、兩會互設機構與陸客中轉等，應該盡速處理，以創造兩岸雙贏。

第四、設置兩岸熱線，處理急要問題。兩岸目前在海基會、海協會長官之間，與陸委會、國台辦副首長之間，都已經設有聯繫機制。今後應在陸委會、國台辦首長之間設立熱線，以處理緊急與重要問題。

第五、兩岸共同合作，致力振興中華。兩岸人民同屬中華民族、都是炎黃子孫，應該互助合作，致力振興中華。

這五點主張不是為一己之私、單方之利，而是為了後代子孫的幸福。我誠摯地希望，雙方都應該重視人民所珍惜的價值與生活方式，維護兩岸和平，以中華文化蘊涵的智慧，確保兩岸互利雙贏。

習先生，當前的兩岸關係，已經是一九四九年以來最為和平穩定的階段。這幾年，我常常在台灣的大學校園中，看到兩岸學生一起討論、一起運動、一起演奏、一起歡笑的畫面。那種自然的水乳交融，往往讓我既欣慰，又感動。他們有熱情、有創意；但他們沒有仇恨，沒有包袱；他們能在人生較早的階段建立友誼，一定可以為兩岸永續和平打下更堅實的基礎，我們要好好珍惜、擴大這個基礎。

北宋大儒張橫渠主張「為天地立心，為生民立命，為往聖繼絕學，為萬世開太平」。習先生，為了兩岸人民，讓我們一起努力、「為生民立命，為萬世開太平」，為中華民族開創更和平燦爛的未來。

二、習近平：我們是打斷骨頭連著筋的親人

尊敬的馬英九先生，各位朋友，大家下午好。

今天，是一個非常特別的日子，兩岸領導人見面，翻開了兩岸關係歷史性的一頁。歷史將會記住今天。

曾幾何時，台海陰雲密布，兩岸軍事對峙，同胞隔海相望，親人音訊斷絕，給無數家庭留下了刻苦銘心的傷痛，甚至是無法彌補的遺憾。然而海峽隔不斷兄弟親情，擋不住同胞對家鄉故土的思念和對家人團聚的渴望。同胞親情的力量，終於在上個世紀八十年代沖開了兩岸封鎖的大門。

二〇〇八年以來，兩岸關係走上了和平發展的道路。過去七年，台海局勢安定祥和，兩岸關係成果豐碩，兩岸雙方和廣大同胞為此付出了大量心血。正因為有了這七年的積

累，兩岸雙方才能邁出今天這歷史性的一步。

在此，我要向所有為推展兩岸關係發展做出貢獻的同胞和朋友表示衷心的感謝。兩岸關係六十六年的發展歷程表明，不管兩岸同胞經歷多少風雨，有過多長時間的隔絕，沒有任何力量能把我們分開。因為我們是打斷骨頭連著筋的同胞兄弟，是血濃於水的一家人。

當前，兩岸關係發展面臨方向和道路的抉擇，我們今天坐在一起，是為了讓歷史悲劇不再重演，讓兩岸關係和平發展成果不得而復失，讓兩岸同胞繼續開創和平安寧的生活，讓我們的子孫後代共享美好的未來。

兩岸雙方應該從兩岸關係發展歷程中得到啟迪，以對民族負責，對歷史負責的擔當，作出經得起歷史檢驗的正確選擇。我們應該以行動向世人表明，兩岸中國人完全有能力、有智慧解決好自己的問題，並共同為世界和地區和平穩定發展繁榮作出更大貢獻。

我希望，兩岸雙方共同努力，兩岸同胞攜手奮鬥，堅持「九二共識」，鞏固共同政治基礎，堅定走和平發展道路，保持兩岸和平發展正確方向，深化兩岸交流合作，增進兩岸同胞福祉，共謀中華民族偉大復興，讓兩岸同胞共享民族復興的偉大榮耀。

（一〇四、十一、八《錢江晚報》）

參、海內外各界對「馬習會」的評價

二〇一五年十一月七日，在新加坡舉行的「馬習會」，評價如何？這當然也要從統獨不同史觀論之，從台獨思維看，就是「賣台」，這是包含蔡英文、《自由時報》及台灣所有台獨媒體、台獨份子、台獨粉絲和支持者，共同的認定，馬英九這八年來，只幹一件事，就是「賣台」。說來台灣很「值錢」，統派說獨派才是真賣台，大家都在賣台，大家都獲利（統獨各派輪流上台撈錢），好像永遠有得撈，只有筆者沒機會撈，只好寫作寄託心情，否則只好去跳樓了！

除了獨派說馬習會賣台，海內外媒體對馬習會都「高度肯定」，連美國國務院的評價也很高（如英文元件）。以下是重要評論文章的作者背景和題目。（注二）

馬習會後重要評論文章作者背景和題目

題目	作者・背景	備注
可惜了蔡英文	海基會首任祕書長陳長文	

馬習一握，無字的兩岸和平協議	同	聯合報 104.11.8
馬習會各讓一小步,兩岸前進一大步	淡江大學大陸研究所　教授趙春山	聯合報 104.11.9
最後一哩的奮進　馬締造歷史	政治大學外交系　特聘教授鄧中堅	聯合報 104.11.8
兩岸風雨六十六年　馬習開啟新頁	聯合報記者訪問　郭乃日、郭玫君、黃瑜萱（聯合報 104.11.8）	被訪問：郭正亮（文化大學教授）趙春山（同前）
三贏的馬習會	台北論壇基金會董事長、國安會前祕書長蘇起	中國時報 104.11.9
馬習會可鞏固台海和平	資深記者　王銘義	中國時報 104.11.7
馬習會的「低標」和「高標」 低標：馬英九政治人格和兩岸政策不可毀傷 高標：賦予九二共識更大的開展性與生命力	評論工作者　黃年	聯合報 104.11.5
兩岸新紀元，關山只等閑： 習近平、馬風九獅城會面感懷	李曉鵬	
馬習會落幕　開啟下任總統的考驗	政大經濟系教授　莊奕琦	聯合報 104.11.12

馬習會前後的觀察與期待	中國文化大學國發與大陸研究所助理教授 劉性仁	
張志軍：馬表述九二共識歷史事實	記者 賴錦宏	聯合報 104.11.8
馬習會的成就與貢獻	美國西東大學退休 榮譽教授 楊力宇	旺報 104.11.10
馬習會 里程碑或紀念碑？	銘傳大學教授兼兩岸研究中心主任 楊開煌	旺報 104.11.9
兩岸重新向前開步	南華大學創辦人 星雲	聯合報 104.11.9
馬習會後 兩岸更多功課待努力	政大國關中心副研究員 甘逸華	聯合報 104.11.10
兩岸超穩定架構浮現	上海台灣研究所常務副所長 倪永杰	中國時報 104.11.11
放大視野，看兩岸大棋局	作家 楊渡	中國時報 104.11.8
兩岸新起點：不分裂一中	台大政治系教授 張亞中	中國時報 104.11.9
以孫中山理念共同擘畫兩岸未來	文化大學中山與大陸研究所教授 龐建國	旺報 104.11.5
棄獨緩統 台灣才有保障	前行政院長 郝柏村	中國時報 104.11.11

評馬習會：綠自暴其短	中華戰略學會研究員　張競	旺報 104.11.5
維持現狀須有九二共識門票	上海國際問題研究所究員　周忠菲	旺報 104.11.10
蔡式經濟學　死路一條	資深記者　楊艾俐	中國時報 104.10.31

關於「馬習會」，除台獨思維的「賣台」說，全球幾乎一致「高度肯定」，筆者亦不贅述，遠見、天下文化事業創辦人高希均，總結多年研究心得，提出台灣發展的優先次序應當是：（注三）

㈠**和平：沒有和平，一切落空。**
㈡**開放：沒有開放，一切空轉。**
㈢**經濟：沒有經濟，一切空談。**
㈣**教育：沒有教育，一切空白。**
㈤**文明：沒有文明，一切空洞。**

U.S. DEPARTMENT OF STATE
DIPLOMACY IN ACTION

SECRETARY KERRY | MEDIA CENTER | BLOG | TRAVEL | CAREERS | BUSINESS | YOUTH &

ABOUT STATE | POLICY ISSUES | COUNTRIES & REGIONS | ECONOMICS, ENERGY & ENVIRONMENT | ARMS CONTROL & INTERNATIONAL SECURITY | CIVILIAN SECURITY & DEMOCRACY

Home » Under Secretary for Public Diplomacy and Public Affairs » Bureau of Public Affairs » Bureau of Public Affairs: Office of Press Relations » Press Releases » Press Releases: 2015 » Press Releases: November 2015 » Meeting Between Cross-Strait Leaders

Meeting Between Cross-Strait Leaders

Press Statement
John Kirby
Department Spokesperson
Washington, DC
November 7, 2015

Share

The United States welcomes the meeting between leaders on both sides of the Taiwan Strait and the historic improvement in cross-Strait relations in recent years. The United States has a deep and abiding interest in peace and stability in the Taiwan Strait, and we encourage further progress by both sides toward building ties, reducing tensions, and promoting stability on the basis of dignity and respect. The United States remains committed to our one China policy, based on the Three Joint Communiques and the Taiwan Relations Act.

高度肯定　美國國務院網站7日刊出發言人柯比（上圖，翻攝U.S. Department of State）的聲明，肯定「馬習會」與兩岸關係近年來的歷史性進展。（翻攝自美國國務院網站）

（104年11月9日中國時報）

美國務院高度肯定馬習會英文元件。

高希均指出，馬習會的核心就是和平，沒有和平，台灣就變成「五大皆空」。對於馬英九目前在政治戰場的慘敗和他未來的歷史定位，我認為高希均講的最客觀，「馬英九輸了國內政治鬥爭的戰場；卻贏了兩岸和平的歷史定位。」（注四）二〇一五年十月二十八日，《遠見雜誌》贈獎馬總統「和平貢獻獎」時，高希均朗誦一首短詩：

大地

大地不屬於步兵
天空不屬於戰機
海洋不屬於兵艦

平安

家人不再哭泣於墳場
平安超越了代代悲傷
團聚散布在四面八方

和平

不統、不獨、不武
存同、化異、包容
馬英九敲響和平鐘

一家

戰爭沒有贏家
和平沒有輸家
兩岸變成一家

「高希均論述」我認同九成，惟「不統、不獨、不武」已經完成「階段性任務」，未來已經不管用了，長久堅持下去，和平不可得，「五大皆空」就很接近了。

馬英九執政七年多來，飽受藍綠兩軍「內外夾攻」，他不畏不動搖，很多人猜他想幹啥？春秋定位、諾貝爾和平獎、全民總統？我想大概都有吧！馬英九的歷史定位是「未來式」，但國民黨的存亡則是「現在式」或「現在進行式」。

「國民黨搞統一的大戰略芻議」是本文延續馬英九功過的題目，其實也算馬英九問題的一部份（直到任滿）。這個命題有個「前提」，就是敵情，沒有敵情或敵情不明，戰略都是空談，國民黨目前的慘敗，關鍵在敵我不明，敵我關係混亂，搞不清誰是敵人？誰是朋友？錯把救命恩人當敵人！

肆、國民黨要認清敵我關係暨搞統一的大戰略芻議

這個問題是國民黨「百年難治的病」，所以我並不期待國民黨會改善這個「病體」，回顧孫中山的「聯俄容共」政策，若從結果論也是失敗的，問題出在「敵友不分」。抗戰後更嚴重，共產黨使出一計「中國人不打中國人」。國民黨又中計了，結果丟了大好江山。到了台灣，自從台獨份子組成民進黨，他們始終把國民黨（含統派所有團體）當成必須打倒的敵人，對敵人只有打倒、消滅、打倒、消滅！這點獨派每個人心中有數，對統派是堅定的「敵我關係」，不可能成為「朋友或夥伴關係」。

但國民黨和一些統派支持者，有一種「熱臉貼冷屁股的天真」，以為統獨人馬可以當朋友、當夥伴，於是形成「敵我不明」，完全不知道台獨是敵人，更是全中國的敵人；而現在的共產黨才是統派的朋友、盟友、夥伴。統派很多人不清楚，很可惜！

一、認識敵情：台獨注定滅亡及其絕對劣勢

台獨在本質上是中國歷史上「地方割據」的異化，因此是中國社會的「邪魔」，是台灣社會「歪道」，是政治思想的「邪說」，炎黃子孫的敗家子孫所形成。這種政治邪魔注定遲早滅亡，因為牠本身就是不合人倫、人道的，牠雖一時取得成果，但從中國大歷史看，牠其實是「絕對劣勢」的，滅亡是遲早的事，原因：

第一、獨派得不到中國和全球社會的合法承認：地球之大，可曾聽說哪一國公開合法支持台獨？未之有也，若有不過是一些失意政客偷偷摸摸為之。有人說，是因大家怕中共制裁，當然也是，但百年前的「台灣民主國」獨立了，當時的中國病如死豬，無力制裁，全世界還是沒有任何國家支持當時的台獨！台獨駐定沒有市場，統派面對這種不可能「長大」的怪胎，何懼之有？

第二、台獨眞搞「去中國化」，結果是台灣回到「石器時代」，也會自然滅亡：從李漢奸、陳阿扁開始搞「去中國化」，凡是「中國的」都不要：

◎堯舜禹周公孔子……王陽明、孫中山都是外國的。

◎李白、杜甫、蘇東坡……都是「老外」。

◎四書五經……三國紅樓……都是外國文學。

◎中國文化是全世界最低等的文化。

凡此，都是獨派這二十年來所積極宣傳，乃至方塊的中國字也不要，使用一種大家看不懂的「台灣文字」，如此惡搞下去，不出數十年台灣回到「石器時代」，也是自然滅亡。

第三、注定要滅亡，要被終結（統一），沒有夢想，只有悲歌、悲情：一百多年前的「台灣民主國」，至少也活了三個多月，今天的「台灣國」何在？夢還是夢，永遠的悲歌、悲情，活該！其實大家心裡有數，台獨只是一個「假議題」，騙了幾百萬腦袋不清的低能兒人民，真正的目標是搞錢，因為上台的時間很短，不久就會垮台，趕快撈一筆，大家快撈快走人！阿扁那八年正是如此，統派面對這種注定要滅亡、注定會快速垮台的「虛幻之國」，何懼之有？

第四、獨派是孤立無援的種族主義者：這些年獨派在台灣進行自我膨脹工程，稱「閩南人」叫「台灣人」；把「閩南話」改叫「台灣話」，運用台獨外圍（自由時報、台灣教授協會、長老教會等），配合政治力量宣傳，智者就能洞察其深意。

首先「閩南人」意謂著是中國人的一支族群，他們想切斷祖宗的一切關係，以為叫「台灣人、台灣話」就和中國無關了，而稱「閩南人」為台灣人，島內其他族又是那裡人？台灣閩南人變質成為「福佬沙文主義」者，這是孤立的種族主義者，但所有動作都是白做工，血緣關係變不了！

第五、台灣各民間信仰諸神都是「生爲中國人、死爲中國神」，衆神公然和獨派作對：台灣所有廟宇眾神，都來自中國各地，每年要回祖廟參拜（回娘家），就算阿扁當頭目那八年，斷了兩岸交流路，但媽祖等諸神還是突破圍困，成功到大陸參拜，也就是說，眾神都是「生為中國人、死為中國神」，公然和台獨作對（後再述）。

面對眾神也反對的台獨思想，統派有何可懼？台獨無論在哪方面都是「絕對劣勢」，可惜統派不知也無知，故不會運用，反被吃定了，很可惜，台獨這種敵人，只要認識敵人，弄清敵情，要消滅牠並不難。

二、統派的絕對優勢：經營中國統一的大戰略芻議

中國完成兩岸統一，是廿一世紀全世界的共識，全球所有中國人及海外華人的共同願景，更是廿一世紀中國的國家安全戰略最重大的核心利益。

中國國民黨從孫中山建黨以來，所追求的目標就是中國的統一、繁榮和強大，這個目標和現在兩岸中國人所追求仍是一致的。只是當前國民黨（含統派和粉絲）在台灣碰到一種敵人——台獨，統派有很多「絕對優勢」不會用，也搞不清這場戰役的屬性，略說如後。

第一、統獨是敵我關係恆久的鬥爭與最長持久戰：這是統獨鬥爭要綱第一條，有兩個重要次內涵，（一）是敵我關係，（二）是最長持久戰。先講「敵我關係」，這點是統派的弱點，統派大多過於天真，以為獨派人馬不是敵人，這就犯了古今戰場上的「戰

略錯誤」（敵我不明、不分）。馬英九八年充份證明，不論馬哥釋出多少善意，給了多少銀子，錢照要，統派還是必須要消滅的敵人，而阿扁不管多爛、多貪，還是自己人。

其次「最長持久戰」（可能比國共鬥爭久），因為台獨思想可以回溯到鄭成功收回台灣，次年（康熙元年、一六六二年）卒於台灣，其子孫亦分裂成統獨兩派，如今之台灣，再隔二百年，台灣割給「漢倭奴王國」，也有統派（回歸中國）、親日（成倭國之一部）和獨立三股勢力，現在的台獨起於一九六〇年代，美日一些機會主義者和失意政客的支持，統派若不能認清敵人何在？不能堅持下去打持久戰，國民黨同志們還是去跳太平洋吧！

第二、國共是朋友、夥伴，共同的敵人是台獨：國共兩黨已經和解，完成中國統一不僅是兩岸人民的任務，更是國共兩黨的共同使命，「一個中國」也是目前全世界的共識。是故，現在到未來，國民黨的朋友是兩岸及海內外所有中國人，國共是朋友也是「戰略夥伴」，共同的敵人都是台獨，全體中國人的共同敵人也是台獨。

綜觀全般戰略態勢，當前反台獨、消滅台獨，光靠島內統派是不夠的，必須結合共產黨所領道全體中國人、共軍、政經文化等全部軟硬力量，才足以消滅台獨，完成中國最後的統一大業。

第三、統一思維得到全世界中國人和人民支持：前面講到台獨在全世界都是「非法的」，得不到合法、公開的支持；反面，正是統派的優勢，全世界公認合法的、受支持的，統派可謂「正道」得多助，光是有十四億中國人的支持，何懼獨派這些牛鬼蛇神？

第四、血緣關係的優勢：中國不被長期分裂有兩大根本原因，（一）文化（下項說），（二）血緣關係，從血緣關係上論，我們同是炎黃子孫、同是中華民族，台灣人絕大多數先祖來自大陸。因此，我們不能割斷與先祖的關係，那是數典忘祖的行為，那是不孝子孫的敗家行為，從這個角度論，統派有血緣關係的優勢，才不過二十多年前，大家都在「光天化日」下說「我是中國人」；現在都不承認了，為何？明顯的被政治操弄，這也表示統派也可以再「操弄」回來！看如何用方法！

第五、文化是統派最大的優勢：台獨最大的敵人，其實不是統派這些人，而是中華文化。二十多年來，從李漢奸登輝老番癲和敗家子陳阿扁為首，大搞「去中國化」，醜化中華文化，把孔子孟子、李白杜甫、孫中山……都搞成外國人，這可獲利一時，但不可能全面去除，很多人說中華文化在台灣保存的最完整，這是很有依據的說法，他是真實的。

但是，大陸也在積極復興中華文化，復興速度之快超乎我們想像，相信很多學者說過，台灣漸失中華文化詮釋權，不久大陸極可能成為中華文化的「正統」。但這些也表示，統派有中華文化支持，是極大的優勢。

第六、台灣民間信仰諸神都是統派的：前面也提到陳阿扁那八年斷了兩岸關係，但很多廟宇眾神還是強行衝破圍阻，要回大陸祖廟參拜（回娘家），因為台灣民間諸神都是「生為中國人、死為中國神」，眾神也是統派的，看下列諸神背景：（注五）

◎**保生大帝**（吳本）：宋朝太平興國人。

◎**九龍三公**（魏振）：宋高宗的五軍都督。

◎**清水祖師**（陳應）：宋仁宗時高僧。

◎**臨水夫人**（陳靖姑）：唐代宗時福州人。

◎**長春祖師**（邱處機）：元代山東登州人。

◎**九天玄女**：黃帝之師，助帝戰蚩尤。

◎**三山國王**：隨文帝手下三大將：連清化、趙助政、喬惠威。

◎**西秦王爺**：唐太宗李世民，一代明君。

◎**媽祖**（林默娘）：宋代福建莆田人。

◎**關聖帝君**：即武聖關雲長，三國時代山西運城人，佛教尊為伽籃菩薩。

◎**土地公**（孫句龍）：神農帝第十一世孫。

◎**三官大帝**，即堯、舜、禹三聖，也叫「三介公」。

◎**孚佑帝君**（呂洞賓）：唐貞元時山西芮城人。

以上不過例舉部份，更多台灣諸神都是「中國人、中國神」，仔細觀察台灣所有的民間信仰眾神，沒有一位本藉是「台灣人」，全是中國人、中國神，統派不會運用這個優勢，很可惜！

本文論述統派搞中國統一大戰略，除了要運用前述「絕對優勢」，要進而和共產黨、十多億中國人堅定的站在一起，堅守中華文化詮釋權，大膽論說統一的必須，台灣是「跑不掉」的。

再者，統派要敢戰，勇於一戰，不肯一戰終亦不能偷生（德・黑格爾語），要指向敵（台獨）最弱處，殲滅，春風亦不生・弄清敵我關係，對自己人罵歸罵，有事仍要團結對外，對敵人絕不能仁慈。

國民黨和所有統派，能如本文所述好好努力，堅持下去，必達中國統一之目標，時間不會太久了。中國統一、壯大、繁榮了，國民黨有前途，台灣人更有前途。

注釋：

注一：陳福成，《國家安全與戰略關係》（台北：時英出版社，二千年三月），第五章。

注二：各評論文章均在《國是評論》第269期，十二月號（二〇一五年十二月一日出刊）。

注三：高希均，〈馬習雙手、緊握的是和平〉，《人間福報》二〇一五年十二月三十日，第11版。

注四：同注三。

注五：陳福成，《中國神譜》（台北：文史哲出版社，二〇一二年元月），相關章節。

第九章 從「春秋正義」意涵論馬英九的春秋定位

魔鬼滅亡了，不表示上帝就完成了春秋大業，取得崇高的「春秋定位」。台灣內部的統獨鬥爭，正是這種情況。以下分三個子題討論本章的核心內涵。

第一、「春秋正義」釋意：

「春秋」是指我國春秋時代各國國史的通名，也是魯國國史的專名。現有的春秋記述內容，從魯隱公元年（西元前七二二）起，到魯哀公十四（西元前四八一），共計十二代君主，二百四十二年。《春秋》的作者是孔子，歷史上為春秋作傳的很多，今傳有《左傳》、《公羊傳》和《穀梁傳》，簡述之。

《左傳》，另名《左氏春秋》，作者左丘明，約成於戰國初年。左傳記載春秋時代各國史事甚詳，強調民本思想和禮義，堅定認為國家領導人的一切思維，均要源自「民本」，人民才是國家之本。

《公羊傳》，儒家口耳相傳的解經之作，到漢景帝時才由公羊家族寫成定書，公羊傳闡揚孔子春秋的大義意涵，在大一統、仁政、反侵略思想，尤其在區別「中國」與「非中國」有明確釋意，是儒家政治思想的寶庫。

《穀梁傳》相傳是子夏的弟子、魯人穀梁赤所作。與前二傳相比，穀梁傳更好言褒貶，對當時從政之人有賢、善、美、惡、譏、刺、卑、微之批判，尤其批判貪腐甚力，更闡揚孔子「正名」思想，均屬「春秋之義」。

綜合春秋三傳之「春秋正義」內涵，包括大一統、民本、仁政、正名、反侵略、反貪腐及「中國和非中國之別」等思想，事實上，這些價值孔子在世時，常於各種講經說法、教學、言談提到，經幾千年發展，已成中國社會一般人民及政治人物治國的核心思想。凡是違背這些思想價值，其政權和統治者都很難被人民接受，通常這些政權都存在不久（如地方割據等），不是垮台，便是回頭擁抱「正確」的春秋正義價值。故曰：「孔子成春秋而亂臣賊子懼」，歷代史官乃本春秋大義標準，證述並批判當時國事。是故，「春秋正義」在我國歷史上，也稱「千年憲法」。

中國歷史上各朝代之被終結或垮台，皆因統治階層違背了「千年憲法」的精神思想，因而被人民推翻了。但有些政權及時醒悟流失「春秋正義」的後果，急忙回頭，回到合乎春秋之義的軌道上，得以「存活」，並開創更輝煌的局面。元初、清初及毛澤東時代的「文化大革命」，都大搞「去中國化」發現路走不下去（硬走下去便是滅亡），便回頭大搞「中國化」，以「取悅」人民，換取政權的「存活」。

台獨執政那八年，是「典型」的違反春秋正義，違反中國「千年憲法」，台獨思想是地方割據的異形，陳水扁家族洗錢案及獨派政客貪污案一一曝光，都是一種「證明」。證明甚麼？

證明分離主義、地方割據思想的「暫時性」：維持不久的政權，既不久要垮台，有權力的人便能吃盡量吃，能撈盡量撈，撈飽了走人。

當然，萬事萬物都是相對的，要「擁抱上帝」，必「得罪魔鬼」。如馬英九（代表統派）要推三通，便要陳雲林來，獨派激進者（大多是盲從者）便抗議；要辦陳水扁，一群獨魔便會反撲，會有一些些動亂，這是「必要成本」。即使這一點「成本」，還是有很多人覺得成本太高。

但，那有甚麼關係呢？當長江黃河巨浪衝來，

濁水溪或愛河邊那一點微風細雨都是小泡沫，山都擋不住的。中國歷史進行曲有一定的譜調，春秋正義在，邪不勝正。未來台灣的統派要和大陸執政者、人民緊緊連結在一起，目的是宏揚中華文化，高舉春秋正義、仁政、民本，正名的大旗，統一便是很自然的得到全民支持而如水到渠成，也很自然的終結掉台獨。就算有極少死硬派反抗，惟大勢所趨，小泡沫起不了作用。

啊！孔子，有你便有中國

無你，中國在那裡？

第二、義便是義，還有什麼春秋正義？

「義」是人的良知和理性的表現，也是判斷是非、善惡的標準，其標準亦有消極面和積極面兩個「水平」。從消極面說，凡不合乎義的事，我們斷然不做，這叫「有所不為」；從積極面說，凡合乎義的事，我們必須去做，這叫「有所為」。

到底一個人應該有所為，還是有所不為？得視事情之性質和機緣。故孔子講「執兩用中」，孟子曰：「義者，宜也。」韓俞說：「行而宜之之謂義。」都是在解釋一個人的行為，如何才是「義」。合宜就是義，就是正當；不合宜就是不義、不正當。孟子又說：「羞惡之心，義也。」又曰：「非其有而取之，非義也。」已明示吾人「有所不為」、

「有所不取」，凡損人利己，有害公眾之事，均為不義。而「己立立人，己達達人」，便合乎義。

中山先生講的義，就是「正義」，他在「民族主義」第六講說：「講到義字，中國人在很強盛的時代，也沒有完全去滅人國家，比方從前的高麗（又名朝鮮，今韓國），名義上屬中國的藩屬，實際上是獨立國家。就是在二十年以前，高麗還是獨立，到了近一、二十年高麗才失其自由（指日本發動甲午戰爭併吞韓國）。證明中國人講信義，日本人不講信義。」中山先生又說：「中國強了幾千年而高麗猶在，日本強了不過二十年，便把高麗滅了。」孫中山以史事說明倭奴鬼子是不義之民族，而我國如孟子言「行一不義，殺一不辜而得天下，皆不為也。」亦見兩國（民族）文化之高低。

當代猶太社會思想家諾錫克（Robetr Zozick）在他的「正義論」指出，人類行為如何才算公正、公道合乎正義原則？牽涉三個主題：第一個是最初取得的方式是否合宜？第二是轉移過程，如某甲轉移到某乙，是否涉到藉交易、贈送，或欺騙、脅迫等不義行為而達成？第三為過去不義之擁有，經過改正、補救手續，得以堂堂正正的擁有。以上諾錫克稱「獲得、轉移、改正」三正義原則，此與吾國古聖先賢的正義論述相通。

以上析論，亦見正義是人類社會的普世價值，為人類社會之能成「人類社會」最重要的價值標準。

吾人為何正義之上又加「春秋」，這顯然是民族文化的設限，如伊斯蘭文化以信仰阿拉為正義標準，其他民族亦同。我國「春秋正義」，源於孔子作春秋，後世為春秋作傳者最有名的三家是左傳、公羊傳和穀梁傳。綜合各家內涵有四：

- 禮義廉恥是國家社會的普遍價值。
- 仁政、統一和反侵略是中國政治思想的核心。
- 發揚論語中的仁義道德忠孝節義精神。
- 對不義的統治者秉筆直書亦恒持批判態度。

以上四個內涵正是春秋正義的四大價值標準，在中國歷史上講任何人的行為，義與不義，甚至歷史走向，都受此規範，春秋正義也叫中國歷史文化的「千年憲法」。故「孔子成春秋而亂臣賊子懼」，如公元二〇〇四年「三一九槍擊案」和現在這些台獨份子，甚麼都不怕，就怕春秋正義之前，「董狐」之筆不留情，說他們是亂臣賊子，篡竊者，這恐怕是無可避免的歷史定位了。嗚呼！傷哉！篡偷盜均不義也。

第三、馬英九的魄力、智慧和歷史地位：春秋正義價值史觀之彰顯：

馬英九就職總統已三年多，各界褒貶聲音很多，平實而論，國家不可能兩年就全部

「翻紅盤」，且褒貶之聲大多在「枝枝節節」上打轉，未切中「要害」。

國家領導人之大任，在如何把持國家的「大政方針」，向正確之方向前進；而不在某立委說錯話，某縣市長不聽話，吾人以為，中國古來的政權領導人（含分裂時代各地方政權領導人，不論稱王稱帝或叫「總統」。）其魄力、智慧和歷史地位的唯一評量標準，便是對「春秋正義價值史觀」的堅持與不斷的力行實踐。所以，「馬路」還長得很，特藉本書出版之良機再贅數言，以啟黎民百姓心智，並解眾惑。

從這三年檢驗，馬英九的魄力和智慧展現在辦扁家族貪污案，及「大三通」的實現。很多人罵馬英九無能懦弱等（這是台獨操弄出來的），若真如此，扁案就辦不下去，三通亦無望，同文同種的炎黃子民仍在對立。

有人又會天真的說，司法獨立辦案，又不是馬英九辦案，這是「政治白痴」的天真想法。像扁家這種動搖國本及社會根本的大案，絕對要國家領導人的「意志支持」，才辦的下去，此非「下指導棋」，而是對司法獨立的支持，以確保廉能價值（即春秋正義價值的一部份）。眼前亦有「鐵證如山」可以詮釋之，即陳水扁在位時，整個扁家族及滿朝貪官，司法單位為何都辦不下去？必待馬英九就職後，才開始辦「前朝」官員，才把竊國竊位的大貪污者陳水扁「押」起來！這表示所謂「司法獨立」是有限制的，也有時空關係的，更需要國家領導人堅定的「意志支持」。

但馬英九最終極的歷史定位（或地位），並不能止於辦陳水扁，而在他的「終統論」之實現。若他只用嘴巴說說，沒有在「操作面」逐一實踐，小馬哥終究僅是「地方割據者」，在中國歷史上的定位可能很負面，頂多是清廉者，而對國家統一沒有貢獻。因為，春秋大義價值史觀不是光用嘴巴說的，說而不做是「政治語言」，言行合一才合春秋之義。

所幸，小馬哥已經親自啟動終統的「機制」，此便是大三通，這個機制一但啟動，便是加速其不可逆的統一進程，最後導至中國統一，他所說「在職期間不與中共談統一」，再清楚不過是「政治語言」，他至今確實沒談過統一，但有關統一的各個變項，已一一被解決「攻破」，使統一更為有利，這是小馬哥的智慧和魄力。

春秋正義的四種內涵（如上），中國歷史之能維持正統、道統，「永續經營」，那四種內涵有著「下指導棋」的無尚無形無敵的力量，吾人常聽到「仁者無敵」，便是此意。

今之統派陣營，不論是誰？若失去此四種價值，便與魔鬼無異，成了魔鬼的夥伴！有誰聽過台獨陣營大談禮義廉恥？？有誰聽過台獨陣營談仁政廉政？？有誰聽過台獨陣營大談論語中的仁義道德忠孝節義精神？？沒有，絕無。

獨派的蔡英文要出馬競逐大位，她談過這些價值嗎？她只是魔鬼的同路人，只是陳水扁貪污政權的「死灰」，扁家A錢她不知道嗎？她是幫貪污者「把風」的人，她上台是台灣災難的開始。一個幫貪污者「把風」的女人，能當國家領導人嗎？

若然，只能說天亡台灣吧！那時台灣社會沒了禮義廉恥，沒了仁義道德，沒了中華文化，與原始社會何異？

或許原始社會也好些，因為原始人不會搞「三一九作弊」這種篡竊偷盜的敗德壞行！

附記：本文曾在《台大逸仙學會》（文史哲出版，二〇一一年八月）第六章，今為配合本書所論，再引錄於此。

第三篇

民進黨怎樣搞統一？

— 中國歷史上地方割據政權的宿命

第十章 台獨與貪腐終結台獨——急獨促急統

中國歷史經幾千年的發展，「演化」出一種規律性的「歷史定律」，在學術上稱「磁石效應」，這是從許多分合的現象歸納出來的理論，當中原動亂、戰爭時，人才資源金銀財寶乃至能動的人，開始向邊陲流動（逃難）；當中原和平繁榮，處於邊陲的人才資源帥哥美女，又回流到中原，中原政權如大磁石，吸納各方人才。

印證幾千年的歷史發展，可以確定這種「磁石效應」是中國歷史特有的現象，在世界其他國家（民族），此種現象不明顯，例如，敘利亞戰亂，數百萬難民逃向歐洲，僅德國就收容了一百一十萬（到二〇一五年止），假設未來敘利亞繁榮強大，可預判回流者不多，不能形成「磁石效應」，是故，學術界使用這個名詞，僅特指中國歷史的發展規律，正是中國常民社會老百姓常說的，「合久必分、分久必合」。

由此觀之，中國歷史每隔一時期，出現分裂分治，到處形成偏安或地方割據政權，或許可以「常態」視之，因為是歷史的必然，分裂分治的各方又「必須」追求再統一，做為政權的目標以確保合法性地位；若失去統一的理想或企圖脫離中國而獨立，即被視為「非法政權」，這種「非法政權」會比偏安政權更短命，更難「存活」，如現在台灣獨派形成的政權。

當偏安政權尚存有統一鴻圖，至少還能維持其存在的合法性（如兩蔣時的中華民國）；當統一理想流失，很快會失去存在的合法性，被中原強大的中央質疑是否成了「偏安政權」（如馬英九的八年）？若確認是偏安乃至地方割據，則中原政府出兵討伐成為合法，偏安政權至此，與地方割據政權在本質上是一樣的，如「台獨」和「獨台」，不過玩些文字遊戲，本質上已脫離中國。

由於「磁石效應」的作用，導致台獨和獨台的所有動作，最後都是白做工，因為終歸統一；值得觀察的是，企圖脫離的速度與統一的速度成正比，即「緩獨緩統、急獨急統」。

壹、台獨與貪腐終結台獨

陳水扁說來很可憐，他被老婆吳淑珍搞垮了！垮得這麼悲慘，但他不能、不敢、也不願意說一句淑珍的不是（僅外部觀察、內部不知），阿扁這八年對「統一」是有功的，理由有二，（一）貪腐證明這種「不法政權」的短暫性，大家皆知政權短命，把握機會撈錢成了官場內心的共識；（二）台獨操弄過急獲得大陸《反分裂法》的對待，後來的《國安法》更有嚴格的規定（見第一篇）。

這種情形有如《西遊記》中情節，猴王（台獨）天天想造反，自以為比玉皇大帝大，還推翻了現有社會秩序和價值，惹來觀世音菩薩用金箍扣和神咒（反分裂法、國安法），緊緊的箍起來，嚴加看管、約制，才能讓孫悟空規規矩矩的走在「道」路上，現在中國的《反分裂法》、《國安法》啟動了，從習近平開始，這個「緊箍扣」已經越來越緊了，

二百萬禮券親送扁嫂 李恆隆提流水號

中國時報 97.9.1

台獨將會在空心菜手上走到終點站，阿扁等操弄台獨，予有功焉！

阿扁執政的貪腐真是罄竹難書，此處不再以文字重述，略說阿扁時期的台獨操弄，不外是政治面製造衝突、經貿面刻意封鎖、文化面徹底斷絕、選舉面惡意操弄。

第一、政治面製造衝突，阿扁拿取大位後，用政治力進行「公投制憲」、「正名」、「入聯公投」，操弄他的「一邊一國」論述，這些動作不僅「反中」也「反美」，導致二〇〇七年八月阿扁出訪中美洲，美國不准他過境美國本土，根據美國〈尼爾森報導〉（Nelson Report）說，受「入聯公投」的拖累，所以布希總統要求不討論 F-16C/D 售台案。（注一）副國務卿約翰．尼格羅龐特（John D.Negroponte）駁斥「入聯公投」，呼籲台灣政界要有所節制。（注二）可見操弄台獨，不僅惹毛中國，加速導致統一，也惹毛美國，因違反美國「一個中國，台灣是中國領土的一部份」基本政策。

第二、經濟面刻意封鎖，陳阿扁延續老番顛李漢奸「戒急用忍」政策，刻意封殺兩

岸人民的經貿往來，如陸客來台、兩岸直航、禁止部份廠商到大陸投資等，都刻意用政治力封鎖，就連可愛動物貓熊也被封鎖。

當全世界經貿都要前進中國，只有台灣在搞「去中國化」，結果就是搞死自己，搞垮台灣經濟，再嫁禍給退休人，說退休人員領垮了台灣經濟。

第三、文化全面斷絕。台獨要從文化、血緣上進行切割，讓台灣人永遠和中國人割離讓台灣人和中華民族無關。英國的〈經濟學人〉描述，指稱是台灣版「文化革命」（Taiwan: Cultural Revolution）（注三）此舉，若徹底硬幹下去，不出三十年就將中華文化和中華民族從台灣連根剷除，幸好，中華文化在台灣有很深的基礎，四百年台灣史雖有不少悲情，本質上還是中華文化和中華民族在台灣的發展史，再者，兩蔣時代的中華文化復興運動也有成果，台獨份子想在二、三十年內剷除中華文化，不僅不可能且極可能導致內亂，而使中共武力統一成為合法征討。

雖李漢奸和陳阿扁硬幹「去中國化」才約二十年，傷害已經很大，現在的台灣，人民自我認同的混淆，不知道「我是誰?」不知道自己是中國人！不知道自己是炎黃子孫！自己的根在哪裡？看蔡英文策動

超級證人 黃芳彥為扁家洗錢4億

98.9.12 中國時報

「反服貿」、「太陽花」、「反課綱」，那些年輕人，已全成了數典忘祖之輩，「反課綱」那群孩子竟回頭在清算自己的父母。（注四）這也是二十年「去中國化」成果展之一，只可憐了那些學生，完全不知道自己只是台獨份子的工具，政客的墊腳石！可憐啊！可憐！

再者，斷絕中華文化使台灣內部族群撕裂，進行永不休止的鬥爭對抗、內耗，核心價值消失，尤其中華文化的核心價值（四維八德等）消失後，台灣社會必然趨向「野蠻化」，目前已經看出台灣整個社會倒退至野蠻化的傾向。（注五）這種社會的最終結果，就是崩解、垮台，一如滿清之末，讓中共接收（被統一）。

第四、選舉面惡意操弄。說到搞選舉，台獨份子是第一名，不斷走偏鋒操弄兩岸關係，選前高喊對抗升高兩岸緊張，選後又高喊和解，把人民當白痴玩弄（台灣人民也太多白痴了！）

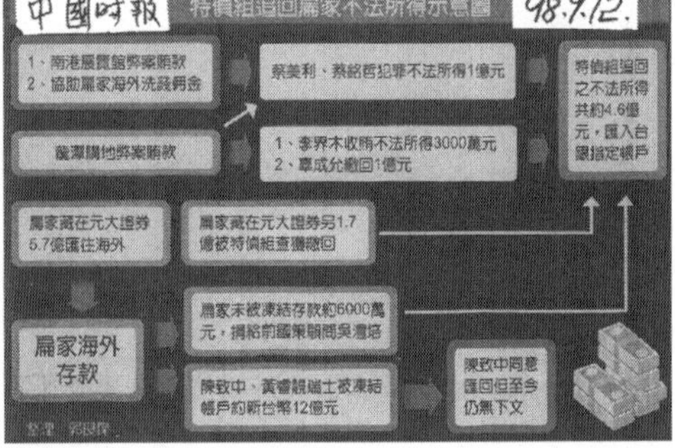

從「正名」、「制憲」、「入聯公投」……數不完的操弄，只有讓台灣加速內耗，在種種選舉操弄科目中，以二〇〇四年的「三一九槍擊作弊案」最成功，成最經典，本

案用的是三十六計裡的「瞞天過海」之計，兩顆子彈就騙過全台灣數百萬豬腦袋，也因本案而使台灣社會撕裂瓦解，陳水扁，呂秀蓮、馬永成等居功甚大。「三一九案」的內幕筆者寫成一部小說，《迷情・奇謀・輪迴》。（注六）

政壇上常聽到一句話，「人民的眼睛是雪亮的」，或「公道自在人心」、「人在做天在看」等語，但印證到台灣社會全然不是那回事，獨派搞「一邊一國」、「入聯」等竟有數百萬人相信，更神奇的，陳阿扁家族幾十億貪污，件件鐵證如山，有些黑錢還被美國「沒收」，而綠營數百萬人至今說「阿扁沒罪」，這些人的眼睛是雪亮的嗎？他們在乎「天在看」嗎？人世間的公理正義何在？

合理的解釋，是台灣因二十多年的「去中國化」，中華文化那些禮義廉恥不見了，如大作家張大春所述，台灣社會傾向野蠻化，是一個「無恥社會」。一個社會有半數人野蠻無恥，另半數能指望其「正常」否？

貳、緩獨緩統、急獨急統

很多朋友談到「台獨份子」，就身心不由自主的痛恨起來，我總是安慰說：「其實不須太操心，緩獨緩統、急獨急統，急獨派正急著儘快搞統一。」對中國歷史發展規律有深入認識的王曉波教授亦如是論述。（注七）

「緩獨緩統、急獨急統」，這也就是說台灣的未來（不會太久），統亦統、獨亦統、急獨則急統，反正不論國民黨搞「獨台」，或民進黨搞「台獨」，最後兩岸必然回歸統一。不會出現第二個不同的結局，所不同者是統一的形式的條件。

被統一是中國歷史上所有「偏安政權」（及地方割據或任何形式的不法政權）的宿命，如三國孔明走後的蜀國阿斗政權，又如明末鄭成功走後台灣的鄭克塽政

扁家貪款買2房遭美沒收

人間福報 2012.11.16.

美：元大案部分賄款購置紐約、維州2高價房產　特偵組盼拍賣分享抵罰金

【大紀元台灣報導】為打擊外國官員以貪汙所得在美置產，美國司法部十四日宣布沒收前總統之子陳致中夫婦以貪汙所得購入的美國紐約市和維吉尼亞州凱斯威克兩棟房產，合計價值二百一十萬美元（約合新台幣六千一百萬元）。對此，特偵組指出，與美方將進行司法互助程序，未來將就變價分享的問題與美方進行協商。

美國司法部助理部長布魯爾與移民暨海關執法局局長莫頓共同宣布，美方根據司法部的「貪腐政府高層資產追回計畫」，沒收陳水扁家人在美國的財產。布魯爾指出，扁家被控收受數百萬美元賄款，讓元大證券順利合併復華金控，「我們已經沒收他們以被控不法所得購買的兩處高價房產，也會竭盡所能根除外國官員的貪腐作為」。

維州和紐約地方法院分別在十月二十三日、二十四日做出判決，沒收扁家的兩處房產；國土安全調查處在十四日取得扁家在維州房產的所有權，曼哈頓的房產的所有權也將由法院判決給美國政府。

美司法部指出，陳水扁家族據報收受數億賄款為元大證券併購案鋪路，部分賄款用以購買這兩棟房產；這兩間房子登記在空殼公司「艾瓦羅」名下，但該公司與司法部門達成的條件，願意將日後出售兩棟房產淨所得約百分之八十五繳交美國政府。

該計畫目的在防止外國貪汙官員以美國作為不當所得避風港，由司法部沒收資產和防止洗錢部門與聯邦執法人員共同行動，針對外國官員將贓款轉往美國置產，採取司法行動沒收資產，並將所得送還給事件受害一方。

對此，特別偵查組代理發言人張進豐指出，扁家犯罪所得洗錢到美國境內並買下房產，經美國政府沒收後，產權為美國政府，但台灣政府可以主張分享，待房產進行拍賣等方式變價後，台灣可取得部分金額。

張進豐說，這筆錢的分享比例，雙方會進行協商，最後由美國司法部長決定分享比例後，錢直接匯入台灣國庫，這筆錢可作為扁家人遭判刑定讞的罰金抵銷或是追繳不法所得。

另外，特偵組說，扁家在瑞士遭凍結的二千一百萬美元（即約台幣七億），大部分都已匯回台灣，目前只剩十八萬六千多美元共同基金待變現匯回。

台北地檢署發言人黃謀信指出，陳水扁與吳淑珍夫婦涉龍潭及陳敏薰人事案，最高法院先前判決併科罰金共三億元，加上利息及日前最高法院再判定讞相關案件的罰金，總計須執行三點一四億元，目前已執行一千七百三十萬元，其餘仍待追討。

不過，陳致中表示，這些房產數年前已經被凍結，已與美國司法機關和解，美方用「沒收」這個詞，他覺得很奇怪。

權，像這些政權早些投降則「功德圓滿」，讓百姓免於遭受戰爭苦難，就像阿斗（劉禪），所以，像阿斗這樣的人，才是真慈悲、真愛民、大智若愚，有智慧的人。

現在台灣不論統獨兩派怎麼搞，結局都是統一，這除了目前中國、美國和國際認定的「一個中國、台灣是中國領土的一部份」外，文化和血緣關係不能脫離。再者，是台灣和大陸歷史發展的關係，康熙廿二年（一六八三）統一台灣，置台灣府轄三縣，到光緒十一年（一八八五）改台灣巡撫，一八九五年割給倭國，一九四五年台灣光復，台灣終究是中國領土的一部份。

一九八二年，鄧小平接見楊力宇教授提出「和平統一、一國兩制」，主要意涵在國家主權不造成分裂前提下，結束內戰，「和平共存」，並且，中共承諾，對台「不派一兵一卒、一設一官一職」，承諾台灣自治，這等於是「兩岸分治」，不是誰吃了誰！

二〇〇八年十二月三十一日，胡錦濤發表「胡六點」，他

主要論說是：「兩岸復歸統一，不是領土和主權再造，而是結束政治對立。」這也是承認現狀分治的概念。

二〇一四年九月三十日，習近平接見台灣統派代表，重申「和平統一、一國兩制」，他說：「兩岸復歸統一，是結束政治對立，不是領土和主權再造。」這又說明「一國兩制」的設計，根本沒有要「佔領或改變」台灣什麼！就是「維持現狀」的「就地合法化」，這真是太好了！可惜「一國兩制」被誤解並加以醜化！

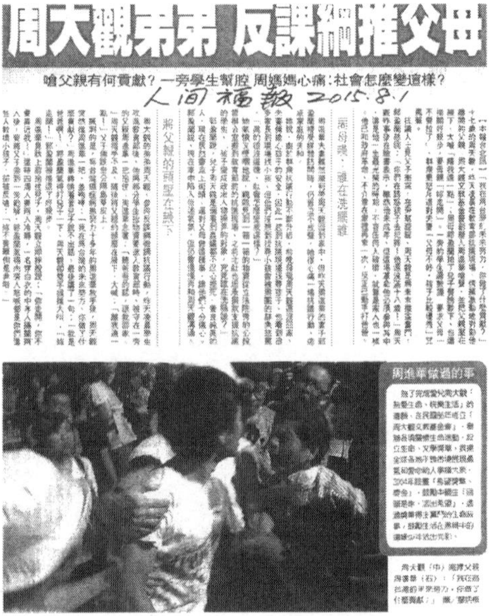
周大觀弟弟 反課綱推父母
嗆父親有何貢獻？一旁學生幫腔 周媽媽心痛：社會怎麼變這樣？
人间福報 2015.8.1

胡錦濤、習近平都只要「主權不必統一、治權不要統一」的「一國兩制」，如此說，「和平統一」就是兩岸維持現狀的「就地合法化」，這不更合蔡英文的「維持現狀」嗎？能將現狀「就地合法化」，就是「復歸統一」，這正好一勞永逸解決兩岸對立的歷史問題和「現狀問題」。

由於中國的崛起，中華民族的復興已是定局，中國和美國實力消長，使得美國比以往更必須支持「一個中國、反對台獨」的政策，美軍也不可能為台獨而戰，未來連干預的能力也漸漸失去。

蔡英文和其他獨派，若不能丟掉「台獨」這雙破鞋，以文化革命的方式「冷水煮青蛙」搞緩獨，也是搞垮台灣，結局是被迫式的統一，若是搞「急獨」，則是挑釁《反分裂國家法》和《國家安全法》，引發中國武力統一的合法作為。

中共只承諾「和平統一、一國兩制」，從未承諾「武力統一、一國兩制」，屆時，武力統一後，必然招致治權的統一，而一國一制，故「緩獨緩統、急獨急統」。

小結：以「去中國化」爲手段的緩獨代價

欲亡人之國，先亡其文化，如日本殖民台灣，進行「皇民化運動」，也是慢慢的把中華文化，含民間廟宇的「中國神明」，都要「連根拔除」，讓台灣人不知道自己是中國人，以為自己是日本皇民，應該向日本天皇、祖國效忠，不可否認的，這是很厲害的高招，日本殖民台灣才五十年，就已經養成像李登輝、金美齡，還有苛P父母那一代人，不知多少？但當時五百萬台灣人中，變節、變質的，應是總人口的少數，父母會影響下一代，現在獨派不少人應有這樣的背景。

新起一代的台獨（陳水扁、蔡英文），也想用「亡人之國先亡其文化」手段搞台獨，他們要亡的是自己的文化，把中華文化從台灣土壤拔除，徹底進行「去中國化」及「妖魔化中國」。諸種手段中，改寫歷史是必要的，於是經由教育系統（如杜正勝當教育部長），從教科書中把中國史改成「外國史」，這是集體犯罪的行為。

日本殖民台灣的皇民化運動，雖不全面，但影響深遠，可能會影響一百年，例如，李登輝那一代人影響陳水扁這一代，蔡英文這代影響反服貿、反課綱這些無知者，都使「台獨、反中、媚日」思想到處傳播，這些是可怕的病毒，呂秀蓮在一九九五年率團赴日本馬關，感謝日本人打贏清廷，讓台灣脫離中國。（注八）這是很可怕、惡毒的漢奸思想，這些人寧可當亡國奴、當漢奸，去歌頌日本人的好，而無視於日本殖民台灣至少屠殺百萬台灣人，這些台獨份子大搞「妖魔化中國」，其實他們才是妖魔，未來中國歷史會證明我的論斷。

蔡英文若搞文化革命式「緩獨」，妖魔化台灣，搞垮台灣結局被統一；若搞「急獨」，那麼，急獨後不出一個月，兩岸就統一了——武力統一。

注釋：

注一：徐光媚，〈從「民主和平論」看兩岸關係〉，《中華戰略學刊》九十七年春季刊（九十七年三月三十一日出刊），頁一七五—二〇六。

注二：施澤淵，〈美軍強化「關島」與第一島鏈海、空兵力之戰略意涵〉，《中華戰略學刊》九十七年春季刊，頁二〇七—二四七。

注三：同注二，頁一〇一。

注四：《人間福報》，二〇一五年八月一日。

注五：張大春，〈因絕望而野蠻〉《人間福報》，二〇一五年五月一日。

注六：陳福成，《迷情・奇謀・輪迴》（台北：文史哲出版社，二〇一一年元月）。

注七：王曉波，〈急獨派才是真正的急統派〉，《國是評論》第 265 期（二〇一五年八月一日），頁一八。

注八：李本京，〈尊重歷史邁向未來〉，《中華戰略學刊》九十七年夏季刊（九十七年六月三十日出版），頁一—八。

第十一章　蔡英文的真相：空心菜肚裡有啥？

二〇一五年九月十九日，民進黨召開全代會，女頭頭蔡英文意氣風發說：「我們都是『英派』，『英派』不是一個派系，『英派』是一群想要改變國家命運的人，我們對改革的信念不可動搖，但我們不躁進，我們也不拖延，我們腳踏實地，不疾不徐。」（注一）觀察這女人最近言行和民進黨開會氣氛，黨內扁系、謝系、游系、新潮流等次級門派，已完全「無聲無息」，顯然這外表看似可愛的女魔，已將台獨各老、中、青勢力納入她的裙下，由她一統江湖，聽她發號司令。不久，她手上就有不少於五千個「位子」可以分配，每個位子都代表多少不等的財富，有位子也代表撈錢的機會來

了，這是中國地方割據短命政權的特色。

這次全代會也很值得觀察，老台獨史明坐在蔡英文左手邊的輪椅上，蔡的右手邊是陳菊；另獨派大老辜寬敏、吳澧培都到了，意涵已經不用語言文字贅述了。開會時間創下史上最短，沒有提案，也不提凍結台獨黨綱的事了！大家只「保持靜肅」，聽她一人說。通篇談話，不提「中華民國」，不提兩岸關係，「台灣」說了三十多次，到底蔡英文的「真相」是什麼？空心菜肚裡有鬼否？

壹、「蔡領導」有多少領導能力和智慧

領導不好當，但好像很多人都想當領導，當的不好反是害人害己，誤國誤民，以中華民國在台偏安這幾十年來，兩蔣後有四個台灣地區領導，有三個在目前名聲都不好，李登輝領導當成了李漢奸、倭國皇奴兼老番癲，他應是千古第一漢奸；陳阿扁領導當成了大貪污王，送入天牢更成了精神病，還名列「中國歷代昏君排行榜」第一名。（雖然這份排行榜並不很客觀）。（注二）至於清廉領導馬英九，也被罵到臭頭，成了過街老鼠，當然他有歷史定位是「未來式」（見前篇）。凡此，都證明金字塔上層領導不好當，

空心菜蔡英文有什麼領導能力和智慧？能使一個已經沉淪、撕裂到底的中國地方割據政權變好？甚更惡化腐壞下去？

二〇一五年二月十四日，蔡英文在臉書發表〈開創一個真正屬於人民的時代〉一文，聲明要投入民進黨的台灣地區領導初選，通篇千餘字看不到她以領導高度提出的政策主張，只給媒體一句：「我不是陳水扁、不是馬英九，我是蔡英文。」這是當然，阿花阿枝也會這樣說。

吾人要進一步觀察並解析空心菜的「行為模式」。每當遇到質問，蔡英文總是反問，而不是給答案，馬英九問她對亞投行的態度時，她是把問題再拋給馬英九：「亞投行議題這幾天引發極大爭議，經過了七年，馬英九總統似乎還是不明白，為什麼人民對他有這麼多質疑、這麼多不信任、不放心？」台灣該不該加入亞投行，她沒有回答。在很多方面，蔡英文習慣由「民意」決定，她自己沒有已見，沒有主見。

當外界問她，為什麼原先支持內閣制，後來又反對內閣制？她推說：「目前主流民意堅持總統直選」，不答她變來變去的原因，都是敷衍地推給主流民意，吾人要大大質疑當「領導」的能力和智慧！因為領導最大的責任是對一個大方向做出「決心」和「決策。準此而言，馬英九和陳水扁至少還都有基本的領導能耐，不論對錯馬扁還有下決心、決定的能力，而空心菜沒有，二〇一五年四月十三日，《中國時報》社論，〈空心菜英文可能比馬扁更可怕〉，（注三）是有道理的，如果台灣人選了她當台灣地區領導，必定為台灣人製造更多、更大災難、不相信本人所言可以往後看下去！

注意每天菜英文的言談答問，她所有的「政策」，都不給人一個「肯定」或「否定」的答案，或至少有一個可以服人的理由，包含九二共識、維持現狀、台獨黨綱、國是會議……都在叫大家猜猜看！猜她的文字語言遊戲。這種「無領導的領導」，未來是台灣社會的災難，會比陳水扁、馬英九還慘！可能超越李漢奸！

一個沒有領導能力和智慧的女人，因緣際會成了領導，不僅是台灣社會的災難，也會是她黨內的災難。因為所謂「獨派」，有深綠、淺綠、中間，其實都是一些機會主義者，只有極少「鐵板深綠」難纏，民進黨內部也在「鬆動」（下章論述），菜英文本身也在「鬆動」，可惜她欠缺領導能力和智慧，便會被「鐵板深綠」綁架，她現在的情形正是騎虎難下的困局，她掙

蔡：新世代領袖　不要溫良恭儉讓

溫良恭儉讓的內涵在禮義廉恥內，她竟說不要！

台獨思維所要的，不外一些寡廉鮮恥吧！

中国时报，2012.2.1.

脫不了這種困局，成了她的危機，也將是台灣的危機。

沒有領導能力還有大問題，是變得「不可預測」，很「無常」。大家應還記得陳阿扁頭目在二千年上台時說，「四不一沒有」（不會宣布獨立、不會更改國號、不會推動兩國論入憲、不會推動改變現狀的統獨公投、也沒有廢除《國統綱領》和國統會的問題）。兩年後就說「一邊一國」，以今之我否定昨日之我，空心菜比阿扁更不可測！更無常！災難啊！台灣人自作自受。

貳、空心菜用「五大皆空」維持現狀

「維持現狀」是空心菜的「基本政策」，但也不承認「九二共識」，兩岸便不可能有和平，當台灣陷入內亂、戰爭狀態，如一九四九，如今之中東。「現狀」就是「五大皆空」（和平落空、開放空轉、經濟空談、教育空白、文明空洞）。（注四）真實來說，是一切都空，因為「國家是武力造成的、民族是自然力造成的」，台獨份子敢以戰爭手段建國嗎？我敢打賭，兩岸因台獨爆發戰爭，那些台獨份子是最先潛逃到美日的，要死死別人吧！哪一個台獨份子在美國、日本沒有大財富？他寧可死在異鄉豪宅內，也不會死在台海戰場上!所以「台獨」在本質上是「假議題」，或「不成立的假設」，只是撈錢謀利搞鬥爭的工具，包含空心菜的「維持現狀」。

空心菜的維持現狀，看似和馬英九的「不統、不獨、不武」類似，都在維持台灣的現狀，但內涵和操作面完全不同，她的「維持現狀」是建立在反中、仇中和否定「九二共識」基礎上，其實就是「一邊一國、一中一台」的兩國論述，她從不談九二共識，把所有「親中」全打成中共同路人，這種「維持現狀」必然把台灣帶入下列四個「死路」。

第一、邁向戰爭、永無和平。否認九二共識，是一種漸進式台獨，違反美國和中國的基本政策，也不是台灣內部的最大公約數，更不要談歷史文化或背叛祖宗的不孝子孫。沒有九二共識，等於分裂國家，結果就如習近平強調的「九二共識為兩岸互信基礎，基礎不牢，地動山搖。」兩岸不和平，其他都是空，一切皆空。

第二、台灣和大陸經貿「一體化」，除了是同文同種，更是地緣戰略，大陸是台灣最佳市場，拓展大陸市場是台灣最有效和最安全的策略，這也是《服貿》、《貨貿》要通過的原因，但菜英文的漸進台獨要阻斷兩岸經貿路，台灣商人僅能眼睜睜看著全世界都在「前進中國」，毀了台灣經濟，然後嫁禍軍公教或國民黨。

第三、菜英文也倡言，創新、就業、分配」，強調以民為主，好聽話誰不會說?但斷了大陸經貿路，台灣年輕一代有創新人才，但苦無資金和市場，而大陸有。若兩岸和平能合作，經貿、就業都是極佳的舞台，可謂是雨露均霑，沒有九二共識，這些雨露都沒了。

第四、結果是全民均窮。反中、反商、仇富，造成更多企業家出走，企業總部移往中國，當全民均窮時，所謂「民主、正義」，都不過是民粹口號罷了！

菜英文的「維持現狀」也要通過老美的「面試」，蔡是二〇一五年五月訪美，習近平是三月提出警告「拋棄九二共識，兩岸關係將地動山搖」，老美不可能不知道，所以歐習會等於雙方藉峰會之便，達成共同防獨的共識。（詳見第一篇）美國國務院亞太副助卿董雲裳在蔡訪美前，先表達立場，美台關係空前友好，繼續保持穩定持久的利益，美國歡迎過去兩岸關係改善、對話和交流，國務卿萊斯在習近平抵美當天就說，兩岸關係穩定是美國的根本利益（**Fundamental interest**），反對改變現狀，而白宮國安會亞太事務前主任麥艾文也在智庫演說，強調不論誰勝選，必須找出能確保兩岸穩定的「政治架構」（**Political framework**）。（注五）這些話都是「面試官」有制約效用

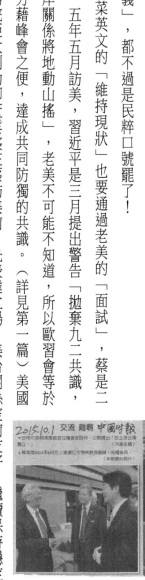

的「口頭警告」，說給菜英文和獨派聽的，看來美國對蔡的「現狀說」並不有利。

蔡向美國的「面試官」說「兩岸維持現狀」，但又不承認馬政府用以建構兩岸和平現狀的政治基礎——九二共識，這個「現狀」她又不承認，那麼，她的現狀到底是什麼？她說不清楚，內中有鬼嗎？

參、蔡黑箱「工具化」中華民國搞迂迴台獨

二〇一六年元月八日，台灣區領導選舉最後一場政見發表會，蔡英文第三輪談她「空論」，十分鐘內連說了十三次「這個國家」，卻沒有任何一次提到「中華民國」四字，反之，朱立倫提到五次中華民國，宋楚瑜講了兩次中華民國。（注六）

從這些細節觀察，可知空心菜心中沒有「中華民國」的存在？弔詭的是她竟要競選一個在她心中「不存在」的國家的領導！她口中所謂「這個國家」是哪個國家？智者

不難看穿她心無「中華民國」，也就不承認九二共識，但中華民國明明是存在的，原來是被空心菜「工具化」了，她要利用中華民國的「殼」，殼內把所有中國文化全去除，只裝入台獨、日本大和文化的內容，最終使台灣人成為「非中國人」。

再進行更多觀察，空心菜在任何談話也都不提「中華民國」。例如，二〇一五年九月十九日的黨全代會，她通篇講話「台灣」提了三十多次，不見中華民國，不提兩岸關係。（注七）碰到任何質疑問她，空心菜的語言模式是「善問而不答」，她充滿問號，鮮有句號，所有政策也都沒有答案，只有一些空洞的口號，「空心菜」之名很適合做她的圖騰，評估她的「透明度」，她居馬扁之後，也就是她乃最大「黑箱」，利用黑箱，漸漸工具化中華民國，搞台獨之實。

由於蔡英文的空心、空論、無常性格和內涵，《時代周刊》形容她是Wonky（搖擺的、靠不住的、會出錯的），真是「實至名歸」。所以《時代周刊》封面將之拍成「窮

挺馬、挺扁、挺蔡的李登輝……
錯乱的台灣 2015.8.23. 人間福報
一九九八年，馬英久（右）與陳水扁角逐台北市長，時任總統的李登輝拉著馬英久的手，高喊馬是新台灣人。之後，馬為李擦汗，兩人互動親切。
二〇一二年大選前最後一夜，民進黨在新北市板橋區舉行造勢晚會，李登輝（右）到場幫蔡英文加油打氣，還給她一個愛的擁抱。
二〇〇四年總統選舉，李登輝（右）在台中縣立體育場為陳水扁站台，接受選民歡呼。
圖／資料照片

凶惡極」那張照片，和二〇一一年底美國國務院透過《倫敦金融時報》，痛批她是「台海深水炸彈」，實有異曲同工之妙。（注八）換言之，空心菜那張「玉照」正是美方給台灣人的真相，別以為她對著老美官員露出諂媚笑容，到國務院「密室協商」，白宮就相信她拋棄急獨立場。

無論如何，中華民國這把「工具」空心菜是必須「用」的。因此，她參加了雙十國慶，「選擇性」的唱了國歌，但「司馬昭之心人皆知」。空心菜說過「中華民國是一個流亡政府」，她鼓動並資助「反課綱」學運，學生更喊出「中華民國滾出台灣」，二〇一四年初，民進黨中常會通過的《對中政策檢討紀要》，其發言人王閔生就說：「現階段民進黨兩岸政策的立場和主張，台灣與中國同屬一個國家的兩岸定位，並不被台灣民眾接受。」（注九）顯然，空心菜擁抱中華民國，只是「必須」利用這把「好工具」，採行借殼上市的迂迴台獨。

空心菜把中華民國在「黑箱」中逐漸「工具化」後，利用「這個國家」的制度、人力、資源，爭取選票，騙得許多無知不智者的心，奪取政權，一旦政權到手，「去中國化」就在她一手民粹操控中，兩岸關係回到動盪不安的老路，直到內鬥垮台為止，台灣人的災難！

肆、製造動亂、鼓吹造反、欺騙抹黑（紅）

我研究民進黨等這群台獨份子甚深，觀察他們數十年在台灣地區的暴力史，大約不外製造社會通亂、鼓吹造反、造謠欺騙、抹黑抹紅、瓦解中華文化中的倫理道德價值。確實，我們回顧兩蔣以後這三十多年，台灣社會是從李登輝李漢奸開放台獨胡搞開始亂的，也從那時開始，傳統倫理道德，政治人物的廉恥操守，快速的崩解。

菜英文在二〇一二年初，在高雄、苗栗謝票時，面對支持者說：「民進黨在新世代，不要溫良恭儉讓」。（見前面剪報）何謂「溫良恭儉讓？」不就是一些倫理道德價值嗎？這些東西是中華文化重要內涵，全不要了，難怪台灣社會日趨「野蠻化」。（注一〇）台灣社會之暴力化、野蠻化、沉淪腐敗，大家回顧一下，不就是從有人搞台獨開始的嗎？族群對立、撕裂，成為一個無是非的「無恥社會」，不也從搞台獨開始嗎？而菜英文也有一個外號叫「暴力小英」，她若坐大，必成人類社會最大的「禍水」，台獨則是中國歷史最邪惡的「異形」。

觀察民進黨很久很深的學者劉建修，從民進黨起家，背景、內鬥、外鬥的長期研究，並對照印證民進黨所提出各種「進步理念」，發現全部都不過是一種「工具運用」，他總結民進黨這群人，完全像一個幫派：

> 民進黨在野時，匯集了許多進步理念，民主、人權、公平、正義、清廉等等，各種理想都對民進黨投射著期待，期待民進黨的執政可以引領台灣走向更美好的境界。可是，在短短的幾年裡，原本集合各種理想的盤面開始一塊塊崩解，崩掉了黃希平、崩掉了許信良、崩掉了施明德、崩掉了心中還有一把是非尺的沈富雄，有的割席而去，有的聲音沈寂，有的甚至遭到圍剿。假如黃信介、余登發、郭雨新、黃玉嬌等前輩，還活到現在，可能也會被打入冷宮而暗中流淚。
>
> 愈崩，本質愈清楚。原來，民進黨不過是個幫派的權力集團，所有的崇高理念，都是外加的包裝，民進黨對清廉、民主、人權、法治根本沒有信仰，真正追求的目標只有一個「爭權奪利。」（注一一）

一個幫派的權力集團竟能搞垮中華民國，拖垮國民黨，整垮台灣社會，這要怪誰？人民不需要負責嗎？也只能說一群無知又沒有判斷力的支持者，聯手搞垮自己所生存的

「基地」。把自己的基地搞垮、搞爛，毀了法治和制度，誰來當領導都是災難！

由蔡英文所主導、策動並資助的「反課綱」，那些高中生完全是紅衛兵的翻版。周天觀（才十七歲）對父親周進華咆哮：「我在為台灣的未來努力，你做了什麼貢獻？」將父親的頭壓在腋下，周母郭盈蘭也被兒子狠推一把，她痛心誰在引誘孩子犯罪？誰在給這些孩子洗腦？（注一二）我請周媽媽靜心想想，誰在引誘年輕人犯罪？誰在給這些孩子洗腦？不就是蔡英文嗎？不就是搞台獨這群黑幫嗎？所以如果要救台灣社會回到常態，人人都要起來反台獨，要徹底消滅台獨，台灣才有新生的希望，而且在此也要力勸周進華先生，不要經營「周大觀文教基金會」了，須多少獎都只能鼓舞或救極少數人的人，功能可謂極有限，連自己的兒子也救不了，基金會收攤吧！或讓人做。

王曉波：要找就找我 求蔡放過孩子

【記者林秀姿、沈育如／台北報導】負責課綱微調的召集人、世新大學教授王曉波昨激動表示，年輕人不值得犧牲生命陷入政黨惡鬥中，他也對民進黨主席蔡英文喊話，「我就是課綱微調的召集人，你要找就來找我，求求你、拜託你放過這些年輕的孩子！」

家長團體與學者對教育部長吳思華喊話，希望教育部對學生撤告，也撤回課綱。

王曉波說，年輕孩子的生命消逝，十分悲痛，可以理解孩子義憤填膺；但是那些給錢、煽動孩子的政黨與團體，應該出面負責，不要再躲在孩子背後鬼鬼祟祟。

王曉波說，政黨為了鬥爭，不惜利用煽動年輕人，就跟毛澤東當年發動紅衛兵一樣，幾十萬人犧牲死亡；那些紅衛兵也自認為是保家衛國。

政大台史所長薛化元昨天說，建議教育部對所有學生撤告，希望吳思華恢復當年在政大擔任校長時，積極與學生面對面溝通的樣子。

（世新大學教授）（一〇四年七月卅一日《聯合報》）

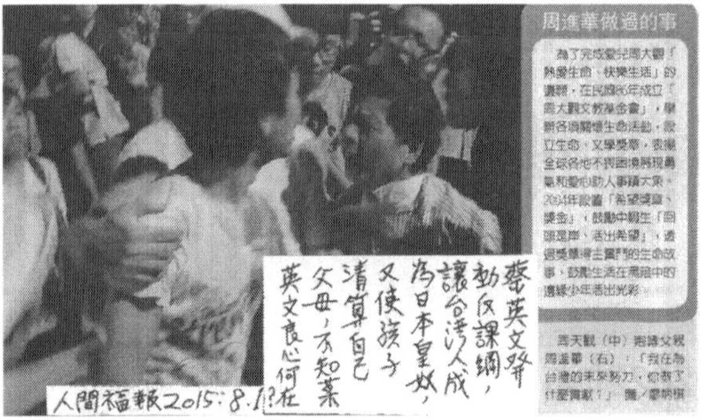

周天觀（中）咆哮父親周進華（右）：「我在為台灣的未來努力，你做了什麼貢獻？」

周進華先生有行動力，有崇高的使命感，應該用這顆心來領導反台獨工作，或把基金會功能放在「反台獨文教」上，從思想、教育，以民間立場做反台獨工作，這是最能救台灣的神聖使命。再者，這樣也有機會使孩子回頭，遠離台獨這種可怕的「台毒」，若能這樣做，相信是對愛兒周大觀最好的紀念，因為也等於周大觀救台灣。

一個只會製造動亂、鼓吹造反、造謠欺騙又背判列祖列宗的「幫派權力集團」，必將台灣推向毀滅，我們只要看每次這個幫派發起的動亂，都給社會帶來難以回復的傷痛，台灣社會不能再放任這種黑幫橫行，愈早清除掉台獨「毒根」，台灣社會愈早回復「人性的社會」。

伍、延續李漢奸路線，讓台灣成美日文化殖民地

要檢驗菜英文是否延續李登輝李漢奸路線？是否把台灣帶向美日的「文化殖民地」？完成最徹底的賣台計畫，除了回顧她如何為李漢奸和陳阿扁操盤台獨大計，還有許多方面都可清楚看出，蔡英文走的才是「真賣台路線」，漢奸路線，讓台灣永遠成為美日共同的「文化殖民地」略說幾項。

第一、她發動「反課綱」讓一群白痴高中生當「砲灰」，可憐那些高中生問他們「反什麼？」通通「莫宰羊啦」！大家靜心理性的打開「蔡黑箱」，就知道反什麼？不外反下面幾件事：

㈠反對在慰安婦前加「被迫」二字。
㈡反對用日本「殖民」，要用「統治」。
㈢反對描述漢人從大陸移來的歷史。
㈣反對記載劉銘傳和林朝棟事績。
㈤反對記載日本在台的屠殺、鎮壓歧視政策。
㈥反對記載台灣人抗日的英勇事蹟。（注一三）

從以上這些反對，就太清楚不過了，全部就美化日本「統治」台灣的合法、合理、合情，這只能說是一群「賤骨頭」，作賤自己，慰安婦不能用「被迫」，難道用「自願」

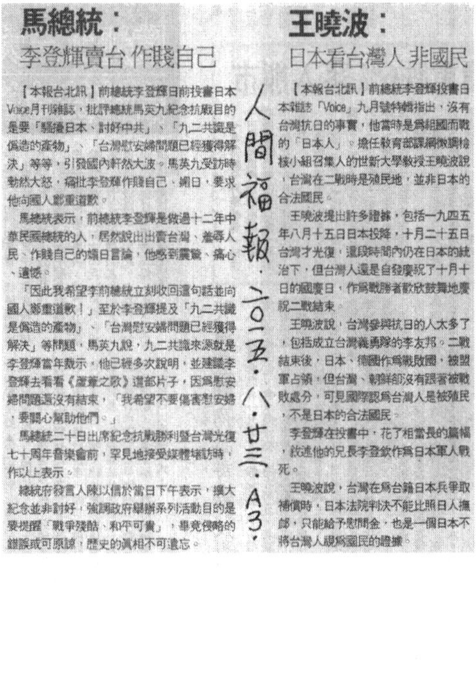

王曉波：
日本看台灣人 非國民

【本報台北訊】前總統李登輝投書日本雜誌「Voice」九月號特輯指出，沒有台灣抗日的事實，他當時是為祖國而戰的「日本人」。擔任教育部課綱微調檢核小組召集人的世新大學教授王曉波說，台灣在二戰時是殖民地，並非日本的合法國民。

王曉波提出許多證據，包括一九四五年八月十五日日本投降，十月二十五日台灣才光復，這段時間內仍在日本的統治下，但台灣人還是自發慶祝了十月十日的國慶日，作為戰勝者歡欣鼓舞地慶祝二戰結束。

王曉波說，台灣參與抗日的人太多了，包括成立台灣義勇隊的李友邦。二戰結束後，日本、德國作為戰敗國，被盟軍占領，但台灣、朝鮮卻沒有跟著被戰敗處分，可見國際認為台灣人是被殖民，不是日本的合法國民。

李登輝在投書中，花了相當長的篇幅，敘述他的兄長李登欽作為日本軍人戰死。

王曉波說，台灣在為台籍日本兵爭取補償時，日本法院判決不能比照日人撫卹，只能給予慰問金，也是一個日本不將台灣人視為國民的證據。

人間福報．二〇一五．八．廿三．A3．

馬總統：
李登輝賣台 作賤自己

【本報台北訊】前總統李登輝日前投書日本Voice月刊雜誌，批評總統馬英九紀念抗戰目的是要「騷擾日本、討好中共」、「九二共識是僞造的產物」、「台灣慰安婦問題已經獲得解決」等等，引發國內軒然大波。馬英九受訪時勃然大怒，痛批李登輝作賤自己、媚日，要求他向國人鄭重道歉。

馬總統表示，前總統李登輝是做過十二年中華民國總統的人，居然說出出賣台灣、羞辱人民、作賤自己的媚日言論，他感到震驚、痛心、遺憾。

「因此我希望李前總統立刻收回這句話並向國人鄭重道歉！」至於李登輝提及「九二共識是僞造的產物」、「台灣慰安婦問題已經獲得解決」等問題，馬英九說，九二共識來源就是李登輝當年裁示，他已經多次說明，並建議李登輝去看看《蘆葦之歌》這部片子，因爲慰安婦問題還沒有結束，「我希望不要傷害慰安婦，要關心幫助他們。」

馬總統二十日出席紀念抗戰勝利暨台灣光復七十周年音樂會前，罕見地接受媒體採訪時，作以上表示。

總統府發言人陳以信於當日下午表示，擴大紀念並非討好，強調政府舉辦系列活動目的是要提醒「戰爭殘酷、和平可貴」，畢竟侵略的錯誤或可原諒，歷史的眞相不可遺忘。

的嗎？蔡英文自己也是女人，為什麼要這麼「女人作賤女人」？為何要向日本一面倒？

第二、當李登輝李漢奸說出「身為日本人、為祖國而戰」、「釣魚台屬於日本」、「慰安婦問題已解決」等話，如此羞辱人民、作賤自己，踐踏歷史和正義時，蔡英文的態度如何？她不僅沒有表達譴責，用「民主包容」敷衍了事，正是蔡英文和李漢奸共舞的表現。不論表裡看，菜英文都是李漢奸的承志者。

第三、當台南市長賴痞賴清德在市議會答詢時，連說三次「我主張台獨」，空心菜作何反應？她聲援賴痞，強調民進黨支持同仁「誠懇並坦率」表達台灣人想法，而賴的說法，表達民進黨的成長歷史。（注一四）賴痞等於戳破了空心菜的「維持現狀」謊話！台南大地震真是天譴賴清德，不顧人民生命！

其他如「冷處理」〈台獨黨綱〉（即不凍結），都可公看出空心菜的心思，極為陰狠，整體看她的戰略構想，是「親美日同盟」，配合美日「圍堵」或包圍中國，制壓中國，這會是一條很危險的路線，如果多數台灣人真的看不清這個真相，非要支持那種台

獨，只能說是災難！自作自受，放著光榮的中國人不當，要當次等人（讓美日殖民），作賤自己！這也說日本「皇民化」殖民很成功，毒留台灣！

本文從各個角度剖析蔡英文的真相，空心菜原來不空，她的「肚子」裡有「鬼胎」，誰下的種子，成為以下「五鬼」亂台灣：

㈠「蔡領導」的領導能力和智慧很差、很空洞。

㈡空心菜用「五大皆空」維持現狀。

㈢蔡黑箱「工具化」中華民國搞迂迴台獨。

㈣製造動亂、鼓吹造反、欺騙抹黑（紅）。

㈤延續李漢奸路線，讓台灣成為美日文化殖民地。

為什麼有近半數台灣人看不出蔡英文才是「真賣台」？唯一的解釋是那近半也中毒或無知，但至少有半數台灣人看得出蔡會是「亡台」禍首，為讓台灣遠離前面那「五鬼」作亂，讓台灣人成為堂堂正正的中國人，「這個樣子的蔡英文非走開不可」。（注一五）最好遠離人類社會，她的存在是各種社會的災難，不信往後看！

注釋：

注一：中國時報，二〇一五年九月廿一日。

注二：網路上有「中國歷代昏君排行榜」，前二十名倒數排行是：（20）南唐後主「李煜」、（19）清乾隆「愛親覺羅．弘曆」、（18）宋徽宗「趙佶」、（17）蜀漢後主「劉禪」、（16）元順帝「妥懽帖睦爾」、（15）晉武帝「司馬炎」、（14）明思宗「崇禎」、（13）唐玄宗「李隆基」、（12）晉惠帝「司馬衷」、（11）秦二世「贏胡亥」、（10）漢靈帝「劉宏」、（9）明神宗「朱翊鈞」、（8）周幽王「湼」、（7）宋高宗「趙構」、（6）明太祖「朱元璋」、（5）隋煬帝「楊廣」、（4）夏桀王「姒履癸」、（3）商紂王「子受辛」、（2）秦始皇「贏政」、（1）陳水扁。

筆者研究這二十昏君，部份並未「全昏」，例如李煜、劉禪，皆是可敬之人，李煜雖有昏的一面，也有可居「聖位」的一面，可見我另著《從魯迅文學醫人魂救國魂說起》（文史哲出版），而陳水扁雖是「第一昏君」，也未全昏，他至少親口說出「台獨辦不到！就是辦不到！」可見他沒有昏到底！

注　三：〈中國時報社論〉，二〇一五年四月十三日；另見《國是評論》第 262 期（二〇一五年五月一日），頁二一—二二。

注　四：高希均，〈馬習雙手　緊握的是和平〉，《人間福報》，二〇一五年十二月三十日，第11版。

注　五：趙建民，〈中美交易、衝撞蔡英文模糊戰略〉，《國是評論》第 268 期（二〇一五年十一月一日），頁二七—二八。

注　六：見二〇一六年元月八日台灣地區電視，或次日各報紙報導。

注　七：中國時報，二〇一五年九月廿一日。

注　八：銀正雄，〈蔡英文，台灣最大黑箱〉，《國是評論》第 266 期（二〇一五年九月一日），頁三八—四〇。

注　九：陳勤浩，〈小英虛情假意擁抱中華民國〉，《國是評論》第 268 期（二〇一五年九月一日），頁三八—四〇。

注一〇：張大春，〈因絕望而野蠻〉，《人間福報》，二〇一五年五月一日。

注一一：劉建修，〈民進黨的問題在哪裡？〉，《遠望雜誌》第 325 期（二〇一五年十月），頁三四—三五。

注一二：人間福報，二〇一五年八月一日。

注一三：黃智賢，〈中華民國用台獨教科書?請蔡英文主席回答微調問題〉，《國是評論》第265期（二〇一五年八月一日），頁二〇—二一。

注一四：中國時報，二〇一五年十月一日。

注一五：引前台大校長傅斯年語，傅校長有一篇文章，〈這個樣子的宋子文非走開不可〉，時宋子文任行政院長，該文一發表，宋立刻下台。

第十二章　蔡英文的鬆動，她哪裡鬆了！

「鬆動」，鬆了！其實是平常的道理，是自然法則和物理定律的一種過程，萬事萬物、一切零件、工具，用久了會鬆動是「必然」的結局，有誰能告訴我，哪一種「零件」或工具，是永遠永恆不會「鬆動、鬆掉」的？

「鬆動」的另一個原因是「非自然」的，人為刻意或被迫鬆動。因為不能再「緊」，再緊下去，硬緊硬幹下去，必然「折斷」自己，也會死一堆人，只好先鬆一鬆，妥協或迂迴，另謀出路！尋找最有利的途徑。

所以，所謂「蔡英文的鬆動」，除了是必然的道理，也有更多是被迫不得已的鬆動，若不鬆動，她「必死無疑」，但若要剖析她的「鬆動」，探究她「哪裡」鬆了？怎樣鬆的？鬆的「程度」如何？還要從各種微觀、宏觀和主客觀環境來理解，到底鬆的情形如何？可能會鬆到怎樣的程度？

壹、從台獨的本質屬性看台獨的鬆動

台獨的本質屬性，就是中國歷史上地方割據的「不法政權」，這種不法政權在中國的常民社會中，得不到合法性（Legitimacy）認可。因此，雖然因緣際會以非法手段奪取政權（如三一九槍擊弊案），也都是一種「短命政權」，從無例外。

這種短命政權的本質就是「投機性」，有高度的投機性，投機以謀利為宗旨，先取得權力，有了權力就有各種撈錢的機會，而且撈錢速度要快，因為短命政權可能不久垮了，所以從奪取到權力，就一堆人、一掛掛人、一家一族人、一夥夥人……拚命搞錢，這種事絕無例外。

就以陳阿扁非法奪取政權那八年，除了扁家搞錢，凡是幫扁家看門的、洗衣的、煮飯的、跑腿的、當走狗的、狼狽

者、同學的、有點朋友關係的……，凡和權力沾到邊的，就以「權力」換取「錢力」。此等事絕非筆者胡言，看看當時報紙就一目了然，當然，台獨份子會說，這都是政治害，阿扁無罪！阿珍也不愛錢！

從「事」觀察是貪腐，從「人」來觀察是投機性，這只要進一步看民進黨及獨派內部的「思想光譜」，可區分三類，第一類是「真台獨」，只有極少極少人有這種特質，如史明、辜寬敏等，但這類人是否堅持永遠「真」台獨，尚無「驗證」機會，必須等到「頭可斷、血可流、台獨幹到底」，才能說是「真台獨」。如果有一天驗證機會來了，鐵定早已跑光光，潛逃到美日躲進他們事先買好備用的豪宅內，所以，也可以這麼說，世上沒有真台獨者，因為歷史上從未出現過。

第二類腦袋不清醒，無智又欠缺判斷力，這類人最容易「中毒」，他們接觸獨派思想，以為真的可以台獨，新加坡、美國、印度、越南……都是殖民地，不都獨立了，台灣為何不能獨立？於是成為綠營忠誠信徒，他們也苦幹實幹，好好耕耘地方關係，就有機會搞大

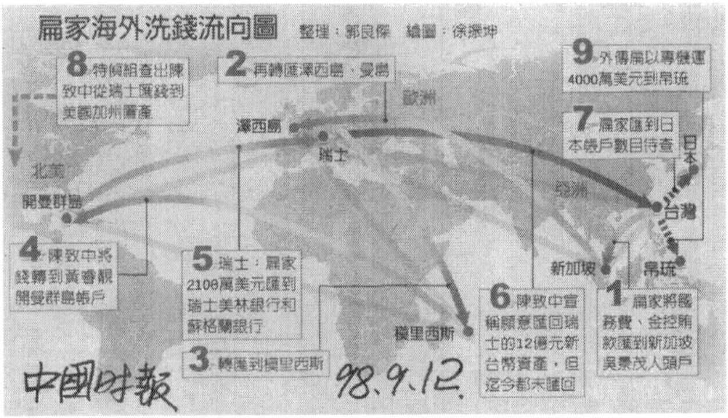

事業，官越當越大，這類人為數較多，高端中壯代也不少。

第三類心知肚明台獨是搞假的，奪權謀利才是真的。於是他們才不管什麼禮義廉恥！什麼仁義道德！管他社會撕裂，管他族群對立，能衝撞就衝撞，能策動就策動！反正死的是別人的孩子，這類是假台獨。

以上三類真假程度不同的台獨份子，構成獨派的上中下領導階層，帶領數百萬無知者、盲從者、中毒者，橫行於台灣社會。這三類高度投機性的台獨份子，造成內部的「鬆動」，顯現在《台獨黨綱》上，到底要廢還是凍結的爭議。因此，在台獨內部，台獨從「議題」變成「問題」，全部的爭議（鬆動）已投射在各方面。

貳、台獨份子也前進中國

台獨份子前進中國不是新聞，現在民進黨的A、B、

謝訪陸：今日我足跡 未來後人路

謝長廷拿著在一九九三年訪問廈門大學的合照，感慨時間過得很快。　圖／法新社

C咖絕大多數早已去過中國大陸。更早的「四大頭目」等A咖，都到大陸「認祖歸宗」。（注一）略說如次。

陳水扁於一九九一年訪問北京，隨行有陳淞山、柯承亨、蘇聰賢和三名記者。一九九三年他又想去大陸，指名要見國家主席、國防部長、總理等，未獲同意沒有成行。

社論　人間福報　謝長廷大陸行　一〇一、十、四

民進黨中常委謝長廷出訪中國大陸，是歷來民進黨訪陸階層最高的一位。雖然這次出訪的名義是參加國際調酒大賽，但大陸表示歡迎。謝長廷能夠跨出這一步，對未來民進黨的兩岸政策必會激起一些效應，此行也很可能是開啓未來民進黨和共產黨對話之門的敲門磚。

民進黨在年初總統大選敗選後，幾乎都體認到，如果再拒絕和大陸往來，想要重返執政之路將是遙遙無期。也因此黨內曾經研議召開兩岸政策研討會，但都沒有具體的成果。蘇貞昌在接任黨主席後恢復設置中國事務部，但只是形式上的作業而已。

儘管「台獨黨綱」僵硬的橫梗在民進黨踏向大陸的門口，使得多數民進黨人難以起步；但黨內仍有人對於始終無法突破的民共關係感到憂心。有些人很早就已經前進大陸進行交流溝通，前海基會董事長洪奇昌就是其中之一。大選過後，一些公職人員如蕭美琴、羅致政和地方民意代表也都先後到大陸訪問。

但民進黨有組織的或現職高層人士都還沒有成行，謝長廷是民進黨內屬權力核心的成員，自有其代表的意義。雖然謝長廷此行是以個人名義前往，相信大陸方面會是以政黨的對口單位接待，接待的層級應該不會太低。

民進黨一直是台灣內部「反中」的力量；謝長廷到大陸或許可以形成一個新的破口，讓民進黨不再繼續反中。

對大陸，在中共十八大召開之前，謝長廷的訪問可以說是替「胡溫體制」畫下一個美好句點。十八大要進行權力接班，胡錦濤和溫家寶要交班給習近平和李克強。在胡溫時代，兩岸關係有突破性的進展，不但擴大經貿文化往來，兩岸開放直航，大陸旅客也可以到台灣自由行；兩岸還具體簽署了十八項合作協議，可謂成果非凡。但是對民進黨卻一籌莫展，儘管大陸在表面上對民進黨不假詞色，然而若能柔化「反中」情緒，自然有助深化兩岸關係。

謝長廷選在此刻訪問大陸也有特殊的意涵。民進黨敗選之後，黨內對於大陸政策究竟要固守成規還是向前邁步，都還舉棋不定。黨主席蘇貞昌的態度表現得最為明顯，黨內大多數的意見是只想「知中」而不想「和中」，更不想「傾中」。謝長廷對於兩岸關係的談話一向較為務實，不論是「一國兩市」還是「憲法一中」，雖然都曾遭到黨內的批評，但畢竟較其他人有前瞻性。

民進黨和共產黨之間要展開對話，目前看來時機尚未成熟，原因是還有一個「台獨黨綱」；大陸方面的態度很清楚，要交流先放棄台獨。但黨綱不是不能修改，問題在於要取得多數共識，而目前對於「和中」還未形成共識，必須經過一段時間的交流，謝長廷邁出的這一步，可以鼓舞更多民進黨人向西進邁步。

目前兩岸關係完全由國共兩黨主導，民進黨身為台灣最大的在野黨，卻因為台獨意識型態而在兩岸關係中缺席。不但是自我放棄權利，同時也沒有盡到在野黨的監督職責。不「知中」又如何能精確的監督國民黨的兩岸政策？如果未來重回執政，又如何提出福國利民的兩岸政策？謝長廷的這一小步，期盼是民進黨的一大步。

謝長廷、姚嘉文等於一九九三年訪問北京，雙方氣氛較佳，北京認為他比陳水扁更能顧全大局，另李鴻禧和老婆等一行，一九九〇年也訪問北京，參觀八達嶺長城。

呂秀蓮是一九九〇年八月，回到福建原鄉，在南靖龍潭樓宗祠祭拜祖先，後來桃園呂氏族人也常回福建原鄉祭祖，建立不錯的民間交流。

說出「中國豬滾回去」的游錫堃，心中也想念他的「豬祖先」，因官位高不方便，由游母和弟弟游錫賢代表，在二〇〇三年回到福建漳州市詔安縣秀篆鎮埔平村，祖居厝叫「東昇樓」。游錫堃呈獻一對聯，署上「第廿世裔孫錫堃敬撰」。從游錫堃的行為論證，豬尚且心懷「豬祖先」，人更不能忘本，兩岸都是中國人，千萬不要搞什麼台獨！背叛列祖列宗！畢竟大家都流著炎黃子孫的血，游錫堃說「中國豬」，不是在說自己和爸爸媽媽也是豬嗎？

近幾年來，很多台獨份子紛紛前進大陸，包括陳菊、賴痞賴清德等獨派紅人，但最有代表性是謝長廷，他二〇一二年十月六日再到大陸，並先到廈門東山島謝氏宗祠祭祖，再到北京，他以「今日我足跡、未來後人路」定位此行，顯見意義深重，其實他早已提出「憲法一中」主張，若他說的真心，他已算倒向統派。

這麼多前輩都「鬆」了，空心菜能不鬆乎？恐怕她早已想要鬆，但不知從何鬆起？因為獨派各大山頭利益不好擺平。再者，人會受大環境影響，自動「趨吉避兇」，選擇有利的生存環境，如同植物的「向陽性」。從上個世紀末，中國開始改革開放、崛起，全世界都在「前進中國」，台獨份子只好「鬆」了！

參、大環境讓蔡英文「鬆動」了：習近平和美國日本

大環境所指是中國和美國，因為台灣已淪為「中美共管」，由美國和中國聯手，才能制服台獨這隻人類社會的「異形」，可怕的異形。而美國的附庸日本也有些影響，也只限於「美日同盟」，單獨一個日本（沒有老美撐腰），日本會乖得像一隻北京狗。

先從美國說起，美國內外困境增加，國力日落，相對於中國的綜合國力增強，求助於北京的事務更多，日本亦是。民進黨要指望美日撐腰，愈來愈不行，國與國之爭，經濟力和軍事力決定了一切，其他都是「花瓶」。

再說習近平，他對統一有一套「大戰略計畫」（見第一篇），他對統一大業不會止於「計畫」，

美國總統歐巴馬十二日在國會山莊發表任內最後一次國情咨文演說，副總統拜登（左）和眾議院議長萊恩（右）坐在他後方聆聽　圖／美聯社

他一定要做出成果，否則怎能甘心？再者，北京早已深耕民進黨，二〇〇四年啟動「台農計畫」，就是針對南部農民，一時綠營縣市長相續赴大陸推銷。北京已了解：統一最大的障礙是民進黨和綠色選民，必須累積暗中影響獨派的能量，效果已逐漸浮現。

習近平有「鬆」有「緊」，鎖住台灣，近年來兩岸關係主動權已在大陸，台灣被動，獅可搖尾巴，尾巴如何搖得動獅？（注二）蔡英文只有被搖「鬆」動的，面對習近平的緊，蔡只會越來越鬆！

面對中美在南中國海的爭議，外界看來似乎「情勢緊張」，台獨份子和日本右派以為靠山硬起來了，其實兩位「大哥」不過演一場戲給大家看。二〇一五年十月廿七日，美艦拉森號接近中國人工島礁七海里，中國驅逐艦尾隨其後，雙方水兵用英文聊八卦話起家常，離開時中國水兵用英文說：「祝你們有個愉快的旅程，期待下次再相逢。」《路透》十一月六日報導。（注三）幾天後，中國亞丁灣護航艦隊六艦艇，到美東外海與美國海軍舉行聯合軍演，這象徵意涵是什麼？

拉森號離去後，十月廿八日《紐約時報》說：「拉森號低調的航經中國人工島礁後，『迅速而安靜的離開』，被澳洲學者Hugh White評為懦弱（Timid）的行為。」之後，美國官員對此事封口不提，在野黨參議員馬肯寫信問國防部長：「拉森號當時有無打開雷達和火砲？如果是關的，等於美國默認中國人工島礁的十二海里領海。」均未得到答覆。（注四）事實上，美國面對中國的崛起，早已成型「調適派」，二〇一五年七月，美國Asian Society美中關係主任Orville Schell，已主張承認南海是中國勢力範圍，如同加勒比海是美國勢力範圍一樣。

多年來，台獨敢「緊」，來自美國「硬」得起來，若美國不硬，台獨就沒戲唱。如今，美國對中國不再那麼「硬」，「鬆」下來了，有時表面「硬」給大家看，內裡早已鬆動，求於中國者日多，一中原則美國只能堅定尊守，台獨份子的期待美日撐腰已接近幻想，老太婆死了兒子！

肆、面對內外環境壓迫，蔡英文鬆動了，獨派也鬆了

本書從去年寫到現在，此刻寫到本段，正好是二〇一六年元月十六日上午十一時，

剛才去投票，台灣區領導和民代選舉，我從去年一路觀察至今投票日。

台灣區未來的領導是朱立倫或蔡英文，再十小時（約今晚十點）就知道，好像大家都預測蔡會當選，也有說國民黨會翻盤，但我認為空心菜當選機會很大。

我一路觀察這次各黨情勢，發現各黨都「鬆」了！顏色也變了！不單是空心菜鬆了！國民黨、民進黨、親民黨、新黨，看來顏色有些「變」了。所以，「鬆」可能是台灣內部政局和兩岸關係的共同現象。惟本文僅從蔡英文的「鬆動」略說。

一、蔡英文自己開始「鬆動」的原因。

雖然她以前有「暴力小英」之名，但當家當領導會變。首先，她是個女人，會用女人比較溫和的方法，不會像李漢奸或陳阿扁那樣搞得烽火漫天，她會用「陰柔」途徑，這可怕極了，只是多數人無知無感，其次她當一任，必須力謀連任，這需要在各方面（特

別是經濟）拿出「成績單」，沒有「習大哥」配合，小英辦不到。只要「習大哥」「硬」起來，小英必然鬆下去。

其三還是老美對小英的不信任，二〇一二年競選領導被老美看穿她的「台獨手腳」，連派三官員來台挺馬英九，她功虧一簣，這回她學乖了，不能去挑戰老美的「一個中國」政策，她必須「戒慎恐懼」，不去遭惹兩位「大哥」生氣。其四，黨內的兩岸政策也鬆了，如柯建銘主張「凍獨」，謝長廷的「憲法一中」和前進大陸，小英很難再一意孤行。

二、蔡英文的「那裡」鬆了：兩岸關係「三原則」

二〇一六年的台區領導大選，各界緊盯空心菜的維持現狀和九二共識。畢竟，此事涉及美國利益、中國利益和台灣利益，說來這個女人有點本事，以一小女子牽動「兩大一小」的許多利益糾纏。

二〇一五年十二月廿三日，由七大工商團體所主辦「台灣經濟發展論壇」，邀各競選領

民進黨總統候選人蔡英文昨天出席，由七大工商團體主辦的「台灣經濟發展論壇」。 圖／侯永全

導者對話。空心菜對兩岸關係的「維持現狀」提出三原則，並指出這三原則是維持現狀的重要成份：

> 首先是維持台灣自由民主的生活方式和中華民國既有的憲政體制；其次是兩岸之間要維持和平穩定發展關係；未來會珍惜並且維護二十多年來協商跟交流互動所累積的成果，並在此基礎上，來持續維動兩岸關係的和平穩定發展。（注五）

檢驗空心菜這段話，有真有假，維護中華民國憲政是假的，騙死人不償命，否則她為何策動「反課綱」，搞「太陽花」，這些是亡國之舉。但「維護二十多來協商交流的成果」，此意有所指，九二共識也是成果，隱涵她會珍惜維護，這是她的投機性，她保留可左可右的空間和機會，十二月廿七日的辯論會，他進一步對「九二共識」表述說：

一九九二年兩岸在香港會談，同意相互諒解、求同存異讓兩岸關係往前推動，「這

段歷史事實我們沒有否認，而且我們接受」……九二共識是選項，但非唯一選項……（注六）

這段話也有解讀空間，九二共識非唯一選項，可選可不選（她沒說不選），這段歷史事實沒有否認，而且接受，這是不是「間接」接受九二共識？這樣的語意詮釋並未違背她的原意。所以，問空心菜「那裡」鬆了？答案是「一中」鬆了，她正在搞統一啦！

三、小英會「鬆」到什麼程度？習蔡會的可能

如果蔡英文當選二〇一六年台灣區領導，由前面各主客因素剖析，兩岸關係依然在穩定中發展，甚至「習蔡會」也有可能。（注七）其中有奇妙的原因，國民黨搞統一或和大陸有任何接觸，都會被打成「賣台」；反之，小英搞統一或進一步和大陸接觸，綠營會體諒，因為賣台是民進黨的權力和專利，民進黨沒有原罪，而國民黨有，所以小英對統一可能是有貢獻的，林中斌期許她成為「台灣尼克森」。（注八）我則還要察其言、觀其行。

注釋：

注一：陳水扁、呂秀蓮等人到大陸情形，可詳見：徐宗懋，《民進黨人在中國》（台北：時英出版社，二〇〇四年二月）。

注二：引前國防部副部長林中斌語，原文是「狗可搖尾巴、尾巴如何搖得動狗」。〈九合一後兩岸前景〉，《國是論壇》第259期（二〇一五年二月一日），頁二一—二二。

注三：林中斌，〈中美南海互鬥的真相〉，《國是評論》（二〇一六年一月一日），頁二一—二三。

注四：同注三，頁二三。

注五：人間福報，二〇一五年十二月廿三日。

注六：人間福報，二〇一五年十二月廿八日。

注七：同注二。

注八：同注二。

第十三章　民進黨等獨派終局

──緩獨緩統、急獨急統

文章寫到這裡，是二〇一六年元月十六日下午五點半，台灣區領導大選正在計票，電視上蔡英文已經三百三十多萬票，朱立倫才二百萬出頭，空心菜已領先一百三十多萬票，國民黨大勢已去，這和選前各界預測及我的看法一樣。

國民黨前年「九合一選舉」，面臨「徐蚌會戰式慘敗」，這回小英若贏朱立倫二百萬票以上，國會又過半，等於是國民黨的「第三次徐蚌大敗」。失敗難道是國民黨的「基因」嗎？第一次徐蚌慘敗蔣公要負責，後兩次馬英九要負責，不能怪對手（共產黨、民進黨）狠毒，打仗這回事輸了就是輸了，就是自己的問題。

但不論現在民進黨贏了，國民黨敗了，都是一時的，暫時的，似乎並不影響到兩岸未來的終局──一步步走向統一，完成這一代全球中國人的共同使命。統一屬於未來式，目標只能以信念確認是「不遠的未來」。我所要提出警示的，是尚未走到統一終局前，由空心菜領導的台獨「偽政權」，在統獨的灰色地帶掙扎，最可能給台灣人帶來更大的災難，「緩獨緩統、急獨急統」，未來一定有極大的變局，除非承認九二共識。

現在是晚上八點，蔡英文確定當選二〇一六年台灣區領導，她正在召開國際記者會，至少有四年台灣又成了「台獨偽政權」，不知道台灣這個地方割據的終局要拖多久？會製造出多少災難？乃至引爆一場「中國統一之戰」，這一切都有可能，上一回的中國統一是蔣公的北伐，這次的統一是習主席的南征。

壹、蔡英文的內憂外患才要開始

現在時間走到二〇一六年元月十七日早上，台灣區領導大選已結束，蔡英文的得票數是六八九萬四七四四票，得票率是五六．一二%；朱立倫三八一萬三三六五票，得票率三一．〇四%。（注一）包含國會過半，民進黨幾乎拿下台灣全部版圖，只剩花東金馬是藍天，這已超過「徐蚌式慘敗」，而是「一九四九年式的河山變色」，全面易幟！但這正好是這一段文章要論述的問題。

蔡領導五月正式當家後，才是她內憂外患的開始，讓一個女人承受如此大的困局，到時灰頭土臉不像個女人也真是自作自受。此刻，她應已開始思考即將面對的內憂外患，這是兩個「如果」風暴。

第一個「如果」風暴，是否要接受「九二共識」（詳見第二篇），九二共識多年來被獨派曲解、誤解，而國民當自己也無力說明白講清楚。在當時是有兩個重要內涵，分別是「一個中國原則」和「謀求國家統一」，也就是兩岸主權不可分裂，這才是九二共識最重要的核心價值，沒有這個核心價值，「各表」無意義。

台獨從李漢奸的「兩國論」到阿扁的「一邊一國」本質上是分裂國家、分裂主權的思維，主張「兩岸各有主權」，這和「主權不可分裂」產生正面撞衝，這是「零和遊戲」，一生一死的決戰，不可能二者共存，空心菜（不，台獨雖是不法政權，但我至少叫她一聲蔡領導以示尊重），蔡領導如果不放棄兩岸各有主權說（凍或廢台獨黨綱），接受九二共識，習哥哥的「基礎不牢、地動山搖」，她承受不起，台灣也承受不起，何況還有一個老美「一個中國」政策，就在選前一天，美國國務院發言人柯比在記者會強調：「我們的『一個中國』政策毫無改變（Nothing has changed about our “one-china”policy.）。（注二）記者追問：「台灣是不是國家？」柯比連說不是、不是，連續說了三次「一個中國」。

蔡英文有何能耐即不承認九二共識，又能應付地球上兩大強權排山倒海的壓力？蔡領導有何本事「侍候好」習哥不生氣，老美也高興，她自己也能做出成績，在歷史上留下較好名聲，其實她很想，想得要命！她不想讓風暴搞死自己！

第二個「如果」風暴順勢而到，她如果要「調整」（或接受九二共識）。事實上，蔡領導已在調整，她把兩岸關係的「維持現狀」當成「調整型內衣」穿，可大可小，保留詮釋空間。如選前說的「遵循中華民國現行憲政體制」、「民進黨沒有否認一九九二年兩岸會談的歷史事實」等，但選後她正式當家，這些「糢糊策略」離九二共識太遠，必然引起兩岸及台灣內部的地動山搖。因此，她勢必要更明確的「向前跨一步」，接受九二共識，如此一來，她還是得面臨地動山搖的壓力，深綠（黨內深綠、外圍深綠如自由時報系統）、太陽花、新世代一些腦袋不清的人，必然要起而圍攻小英，乃至造成民進黨的分裂亦有可能。我以政治研究者的初步判斷，現在言之過早，她拿到政權之初，還不會接受九二共識，只會在文字的「包裝」上下工夫，就好像一個女人，她不說出「我愛你」三個字，但同意和你同床共眠；或不說「我願意嫁給你」，但願意和你出國旅行，同睡一床。蔡領導未來向「一中」傾斜，和搞台獨方法一樣，只做不說，如此，還是要面臨黨內風暴，不知她有何能耐承受！看來只能「掛羊頭賣狗肉」是比較「安全」的。

這也較合台灣的歷史背景，數百年來台灣像一條流浪狗，一下這個「包養」，一下那個收養，現在淪為兩大老闆的「共管」，獨派再讓台灣成為「日本文化殖民地」，未來有段時間會再墮落到「三方共管」的次次等「文化殖民地」（後述）。

所以，蔡領導一上台要面臨兩個「如果風暴」，我現在的「假設」，小英會一一為我證明，她要如何解套這兩個風暴？其實她好好讀中國史可以有答案，尤其三國史，好好向阿斗取經！

貳、對中國文化的無知必然產生誤判，必然導向災難

大家都知道中國文明是世界「四大文明」之一，但是另三個文明早已「斷了」或「變質」了。例如，希臘、羅馬、印度、兩河流域等古文明，早已是歷史，現在完全不一樣，只有中國文明、中華文化，數千年沒有斷，是延續的，現在的中國字和二千年前差別不大，孔孟文化始終是中國社會的主流文化，乃至有很多家譜、族譜，從三千年前至今未斷（如陳、孔、李、張……），這是全世界所沒。中國文化也有很大包容性，並非只有「古文明」，每個時代都融入了新的元素，才能生生不息，不然早已和希臘羅馬文明一

樣「死了」，可見中華文化是很優秀的文化，中華民族是了不起的民族，身為泱泱中國人應該要感到光榮才是。

弘一大師曾說：「人生在世有三大難得，一是中國人難得，二是佛法難聞，三是良師難過。」（注三）可見做為一個悠久文明大國，又身為中國人是何等幸福！

只可惜，滿清中葉後中國衰落，民族自信心幾近衰亡，相對的對自己文化失去信心，還險些亡族亡國，中國人至少有一百五十年是國際上的「次等人」，乃至「次次等人」。連中共都在文革時大幹「去中國化」，比現在台獨的去中國化更大規模，不論是中共的「去中國化」（文革），或現在民進黨的去中國化（台獨），都是對國家民族巨大的傷害，對當時的人更是災難，都是因對中華文化的無知造成的誤判，以為中華文化是一隻「破鞋」，欲去之而後快。吾人看看從李漢奸、陳阿扁到空心菜，他們去中國化的內涵和手段不外：

◎教科書中逐步取消減少中國文化基本教材的內容，如《論語》、《孟子》、《大學》、《中庸》等。

◎清洗年輕一代人的「中國記憶」，如宣傳中國是「外國」，孔子、孟子、李白、杜甫……都是外國人。

◎醜化中國的一切事務，中國人是下流的，中國文化是低等的，中國政治是不民主的……凡是中國都不好。

◎反對教科書描述漢人移民台灣的歷史，這是要切斷台灣和大陸的文化血緣關係，否認台灣人是中國人，否認台灣人是炎黃子孫；另說台灣人的祖國是日本大和民族，少部份是土著和荷蘭混種。

◎在大學成立「台灣所」、「台文系」，只研究台灣的東西，稱「台灣文學」不是「中國文學」的一支，「台灣語」也不是「中國話」的一支。

◎反對日本「殖民」台灣，必須用「日本統治台灣」，即承認日本治台的「合法性」稱贊日本文化的優良性，李漢奸說台灣人的祖國是日本，許多年輕一代被這種毒素洗腦而不自知。

以上這些只是台獨「去中國化」的一部份，我們只要看「太陽花」、「反課綱」這些小孩的思維，就知道這二十多年台獨的「去中國化」很有成果；反之，這是國民黨的失敗，馬英九的失敗，獨派的「成功」和統派的「失敗」，二者「聯手」製造「文化衝突」，給台灣帶來的災難，後遺症至少影響五十年以上。

一味的反中、仇中、恨中、去中國化，更大的危險是自己成了盲人，看不到今日中國的崛起，不知道中華民族已然復興，於是誤判（一），《反分裂法》也是只說不敢做，所謂武力統一只是口號；因為連接到誤判（二）中共動武，美日會幫忙台灣打中國，從李漢奸到空心菜都在進行「把台灣和美日安保條約綁在一起」，這種無知、空想、誤判，才真是台灣的災難，老美會讓他們的青年葬身台海嗎？只有白痴才這樣期待。

反觀大陸，早已以「復興中華文化為已任」，他們回到中華文化的常軌上，早已取得「正統中國」的文化話語權，中國歷史的「合法」和「非法」政權，以文化為唯一標準，所以孟子說「孔子作春秋，而亂臣賊子懼」，當大陸成為「合法」，而台灣因去中國化而淪為非法，成了「亂臣賊子」，就是被征討的對象，災難啊！

但是，台灣和大陸最牢靠的共識，還是中華文化，中共的文革和台灣都不可能摧毀中國文化，文革時打倒孔家店，現在孔子「回來了」，全世界有一百多「孔家店」，我之斷言，「緩獨緩統、急獨急統」，不論台獨或獨台，最後必然走到統一，就是以中華文化為標準和根據。

參、尚未走到統一前棄獨與不棄獨的猶豫也是災難

本書所警示空心菜領導民進黨等獨派陣營將給台灣帶來災難，到目前為止（蔡英文已當選台灣區領導），她還拒絕承認「九二共識」，這種災難會是「台灣區綜合災難」，罄竹難書的災難，但至少可化約成三方面災難：外交、經濟、軍事。

外交上，我們可以想像，可憐的中華民國在「國際」上，還有幾個「朋友」，我統計如下表。（注四）表列的廿三個「朋友」，其中有四個國家的人口加起來，不如台灣大學教職員工學生的總數，我們真是可憐的「國際孤兒」。中國對蔡英文完全不能信任，北京已多次放話，若蔡不承認「九二共識」，國民黨必和北京呼應唱和，將可能與台灣僅存的廿三個「朋友」建交，完全抽空台灣的外交關係。（注五）空心菜承擔得起否？

經濟上，因二十多年政治惡鬥，又因服貿、貨貿不能簽訂，獨派「去中國化」的結果，台灣經濟已經沒救

了（韓國已開放「台勞」）。蔡英文上台有何神仙妙藥能救台灣經濟？英國《經濟學人》指出，民進黨是偏向台獨的聯盟，獨性很強；國民黨是偏向統一的聯盟，也必誓死反擊，台灣內部對立和衝突必將升高。（注六）這個論述合於「應然」與「實然」判斷，內部衝突，動盪不安，乃至漫天烽火，台灣人自作自受吧！

再說軍事上，若空心菜一步步向台獨操弄，《經濟學人》也暗示，北京可能出兵占領南海由台灣所擁有的太平島，這是蔡領導無力招架的。（注七）如此將引發下一步的武力攻台，美國願意叫他們的青年葬身台海？

二〇一三年 **APEC** 蕭習會、二〇一四年連習會，習近平說同樣一句話：「兩岸的政治歧異，不能一代傳一代下去！」透露什麼訊號？應是指兩岸統一，在他任內要完成，可怕的是台灣人現在仍在內耗、沉醉於小確幸中，讓太陽花、反課綱崩解台灣社會。當大家鳥獸散時，就是習近平出手「救台灣」的時刻，讓災難結束。

但「統一」終究不是說來就來，在獨與不獨間的猶豫，衝突、對立、內耗、沉淪，會拖很久（鄭成功死後台灣又拖了二十多年、統獨對立內耗到最後一絲元氣）。所以，災難是全面的、各領域的，以下的「社會災難、全民災難」會持續下去。

一、李扁逆行種下的禍因再造惡因惡果的持續，李扁那些數典忘祖的毒害，並未因馬英九執政而「去毒」，那些以「台灣優先、反封建、反權威」口號下，把教科書改成親日媚日、反中仇中、醜化中華民國、醜化國民黨、反禮教、反中華文化的毒素，目前仍在毒害年輕學子。這些「毒」不會突然「去見上帝」，必然成為亡台的禍源。

編號	國　　名	土地面積（平方公里）	人口（約）
1	梵蒂岡	0.44	800 人
2	布吉納法索	274,200	1728 萬人
3	聖多美普林西比	1,001	19 萬人
4	史瓦齊蘭	17,363	139 萬人
5	甘比亞	11,295	180 萬人
6	吉里巴斯	811	11 萬人
7	諾魯	21.2	1 萬人
8	帛琉	488	2.2 萬人
9	馬紹爾	181	6.5 萬人
10	索羅門	28,450	54.5 萬人
11	吐瓦魯	26	1.2 萬人
12	貝里斯	22.963	33 萬人
13	多明尼加	48,442	963 萬人
14	薩爾瓦多	20,742	618 萬人
15	瓜地馬拉	108,889	1,465 萬人
16	海地	27,749	1000 萬人
17	宏都拉斯	112,088	800 萬人
18	尼加拉瓜	130,668	600 萬人
19	巴拿馬	75,517	346 萬人
20	巴拉圭	406,752	634 萬人
21	聖克里多福及尼斯	269	5.1 萬人
22	聖露西亞	616	16.2 萬人
23	聖文森	389	10.4 萬人

二、國家認同分歧，國軍為何而戰？國軍部隊為中華民國而戰，最終的目標是完成中國統一（目前仍是國軍使命），若台灣被蔡領導向台獨方向操弄，國軍將如何？國軍最可能的「正確選擇」，是與解放軍合作消滅台獨，完成中國統一，台灣「寧共不獨」。

這個戰爭過程中，會有人命傷亡等災難也是必然的。

三、年輕一代台灣人道德崩潰持續趨向野蠻社會，台灣已被認定為野蠻社會、欺善怕惡的社會。（注八）這全是二十多年搞台獨「毒」化台灣社會的結果，種下惡因必長惡果，空心菜有何能耐扭轉因果？現在的台灣政壇上還有誰講禮義廉恥？反正革命無罪，造反有理，尊守四維八德的是豬八戒，像柯P那種騙死人不償命才是王道，野蠻無恥是台灣新世代的新文化，台灣人的新文明和新價值，空心菜能救台灣社會否？

四、大選後媒體壯大成綠色邪魔．自由時報系統是這種媒體的代表，反中、仇中、醜化中國、醜化中華文化、宣傳日本祖國統治台灣多麼仁慈等，這類假新聞、毒新聞，必增大陣容，擴大宣傳，尤其碰到二二八等時段，更不擇手段醜化國民黨，這是自由時報等台獨外圍的專長，新一代年輕人也必將持續吸「毒」，這種社會不因小英上台而突然成為「禮義之邦」！

災難啊！災難，獨是災難，不獨與獨的猶豫也是災難，統派執政是災難（獨派必搞垮之），獨派執政更是天大的災難，欲結束災難，只有完成中國統一。否則，台灣的災難，如日月之恆久也！

注釋：

注一：人間福報，二〇一六年元月十七日，及當日各媒體報導。

注二：人間福報，二〇一六年元月十六日。

注三：許承宗，〈再說「中國難得」〉，出處不詳，但弘一大師是中國近代高僧，他的言論不難查知，趣者可自行查閱文獻。

注四：按外交部二〇一三年七月資料整理。

注五：人間福報，二〇一六年元月十七日，A5 版。

注六：同注五。

注七：同注五。

注八：林建山，〈外資見到台灣就拐灣〉，《人間福報》，二〇一五年十二月十九日，B2 版。

陳福成著作全編總目

(40) 我所知道的孫大公
(41) 為中華民族的生存發展進百書疏
(42) 金秋六人行
(43) 漸凍勇士陳宏

捌、小說、翻譯小說

(44) 迷情・奇謀・輪迴、
(45) 愛倫坡恐怖推理小說

玖、散文、論文、雜記、詩遊記、人生小品

(46) 一個軍校生的台大閒情
(47) 古道・秋風・瘦筆
(48) 頓悟學習
(49) 春秋正義
(50) 公主與王子的夢幻、
(51) 洄游的鮭魚
(52) 男人和女人的情話真話
(53) 台灣邊陲之美
(54) 最自在的彩霞
(55) 梁又平事件後

拾、回憶錄體

(56) 五十不惑
(57) 我的革命檔案
(58) 台大教官興衰錄
(59) 迷航記、
(60) 最後一代書寫的身影
(61) 我這輩子幹了什麼好事
(62) 那些年我們是這樣寫情書的
(63) 那些年我們是這樣談戀愛的
(64) 台灣大學退休人員聯誼會第九屆理事長記實

拾壹、兵學、戰爭

(65) 孫子實戰經驗研究
(66) 第四波戰爭開山鼻祖賓拉登

拾貳、政治研究

(67) 政治學方法論概說
(68) 西洋政治思想史概述
(69) 中國全民民主統一會北京行
(70) 尋找理想國：中國式民主政治研究要綱

拾參、中國命運、喚醒國魂

(71) 大浩劫後：日本311天譴說
日本問題的終極處理

拾肆、地方誌、地區研究

(72) 台大逸仙學會
(73) 台北公館台大地區考古・導覽
(74) 台中開發史
(75) 台北的前世今生
(76) 台北公館地區開發史

拾伍、其他

(77) 英文單字研究
(78) 與君賞玩天地寬（文友評論）
(79) 非常傳銷學
(80) 新領導與管理實務

拾陸：2015 年 9 月後新著

編號	書　　　　名	出版社	出版時間	定價	字數（萬）	內容性質
81	一隻菜鳥的學佛初認識	文史哲	2015.09	460	12	學佛心得
82	海青青的天空	文史哲	2015.09	250	6	現代詩評
83	葉莎現代詩欣賞	秀威			6	現代詩評
84	為播詩種與莊雲惠詩作初探	文史哲	2015.11	280	7	童詩、現代詩評
85	世界洪門歷史文化協會論壇	文史哲	2015.12		6	洪門研究
86	三黨搞統一 —— 解剖共產黨、國民黨、民進黨怎樣搞統一	文史哲	2016.03	420	11	政治評論
87						
88						
89						
90						
91						
92						
93						
94						
95						
96						
97						
98						
99						
100						

國防通識課程及其它著編作品

(各級學校教科書)

編號	書　　　　名	出版社	教育部審定
1	國家安全概論(大學院校用)	幼　獅	民國 86 年
2	國家安全概述(高中職、專科用)	幼　獅	民國 86 年
3	國家安全概論(台灣大學專用書)	台　大	(臺大不送審)
4	軍事研究(大專院校用)	全　華	民國 95 年
5	國防通識(第一冊、高中學生用)	龍　騰	民國 94 年課程要綱
6	國防通識(第二冊、高中學生用)	龍　騰	同
7	國防通識(第三冊、高中學生用)	龍　騰	同
8	國防通識(第四冊、高中學生用)	龍　騰	同
9	國防通識(第一冊、教師專用)	龍　騰	同
10	國防通識(第二冊、教師專用)	龍　騰	同
11	國防通識(第三冊、教師專用)	龍　騰	同
12	國防通識(第四冊、教師專用)	龍　騰	同
13	臺灣大學退休人員聯誼會會務通訊	文史哲	

注:以上除編號 4,餘均非賣品,編號 4 至 12 均合著。

編號 13 定價一千元。